OUTLINES

OF

NORWEGIAN GRAMMAR,

WITH EXERCISES;

BEING A HELP TOWARDS ACQUIRING A PRACTICAL
KNOWLEDGE OF THE LANGUAGE.

BY

J. Y. SARGENT, M.A.
FELLOW OF MAGDALEN COLLEGE, OXFORD.

London,
RIVINGTONS, WATERLOO PLACE;
HIGH STREET, | TRINITY STREET,
Oxford. | Cambridge.
1865.

CONTENTS.

CHAPTER		PAGE
I.	The Letters and their Pronunciation	1
	Exercise on the Letters	3
II.	The Articles	5
	Exercise on the Articles	6
III.	Nouns Substantive—Gender, Number, Case	9
	Exercise on the Nouns Substantive	13
IV.	Adjectives—Declension	15
	Exercise on the Declension of Adjectives	17
V.	Adjectives—Comparison	19
	Exercise on the Comparison of Adjectives	20
VI.	The Numerals	21
	Exercise on the Numerals	23
VII.	Pronouns	24
	Exercise on the Pronouns	26
VIII.	Verbs—their Conjugations, with Exercise	29
	List of Verbs, showing their Inflections	35
	Exercise on the Verbs	39
IX.	The Particles—Adverbs, Prepositions, Conjunctions	41
	Exercise on the Particles	43
List of Phrases and Idiomatic Expressions		45
Miscellaneous Exercises in Translation and Composition		52
Extracts from the Norwegian—Prose		61
————————————Verse		64

PREFACE.

The aim of the following work is to supply a want which has been felt by the Author himself, in common with most English travellers in Scandinavia. There are no books to help one in acquiring a practical knowledge of the Norwegian language. By Norwegian is here meant the ordinary language of the country extending from Christiansand and Christiania in the south to Hammerfest in the north; the country most frequented by English travellers and sportsmen. It has been customary to call this language by the name of Danish; and in fact the differences, which are chiefly of dialect and pronunciation, are scarcely enough to constitute them two distinct languages. For our purpose they may be looked upon as one. The grammatical forms are identical, and the vocabulary the same in the main. But the term Norwegian seems more appropriate than Danish to the present work, especially since the publication of Ivar Aasen's "Norsk Grammatik," in which he claims for his countrymen a national language, and a right to call their grammar Norwegian instead of Danish. Rask's Danish Grammar, which has been freely used in constructing the following rules, is too prolix for that class of persons, yearly increasing, who would qualify themselves to be their own interpreters in the country. The reader of that valuable work, left to generalize for himself, finds it no easy task to pick out those points which for his purpose are necessary to be remembered. On the other hand, he who has been enthusiastic enough to learn by heart the dialogues usual in Conversational Manuals, is still unable to venture beyond their limited formulas, and finds himself at a loss to originate a grammatical sentence. The organic likeness of the Norsk to the English which renders it apparently easy to our countrymen, by inducing them to throw off the shackles of grammar, gives rise to a slipshod manner of expression and pronunciation which excites the surprise of educated Norwegians. It is the aim of this Introduction to furnish, in as brief and explicit a form as possible, the means of laying a secure foundation, the superstructure of which may be completed by reading the literature or conversing with the inhabitants of the country. The Author has endeavoured to give so much grammatical information as may be necessary, and no more. The rules are illustrated by Examples, and followed by Exercises, intended to impress them on the student's memory at each step, and at the same time to enable him to make the knowledge his own by affording an immediate occasion of applying it. A work of this kind cannot of course supersede the dictionary; but the list of words at the foot of each Exercise will, it is hoped, render it self-sufficing. With a view to practical usefulness, care has been taken to select the examples from the circle of common wants and topics. The curious minuteness of the student of comparative philology could not be consulted in so brief a treatise. As it is the first attempt of the kind in English it may be open to improvement; as it is the only one it cannot fail to be useful.

CHAPTER I.

THE ALPHABET.

Character.				Names.		Sound.
Norse.		English.		Spelt.	Pronounced.	
𝔄	a	A	a	A	Ah	= $\breve{a}$ in *father, maxim*.
𝔅	b	B	b	Be	Bey	= *b*.
ℭ	c	C	c	Ce	Cey	= *s* and *k*, as in English.
𝔇	d	D	d	De	Dey	= *d*.
𝔈	e	E	e	E	Ey	= *e* in *set*, *a* in *ape*.
𝔉	f	F	f	Eff	Eff	= *f*.
𝔊	g	G	g	Ge	Gay	= *g* in *go, give*.
ℌ	h	H	h	Haa	Haw	= *h*, but mute before i and v.
ℑ	i	I	i	I	Ee	= *ee* in *steel*, *i* in *still*.
ℑ	j	J	j	Iod	Yod	= *y* in *yes*.
𝔎	k	K	k	Kaa	Kaw	= *k* and *ch*.
𝔏	l	L	l	El	El	= *l*.
𝔐	m	M	m	Em	Em	= *m*.
𝔑	n	N	n	En	En	= *n*.
𝔒	o	O	o	O	O	= $\breve{o}$ in *hope, hop, move*.
𝔓	p	P	p	Pe	Pay	= *p*.
𝔔	q	Q	q	Ku	Koo	= *q*.
𝔕	r	R	r	Er	Err	= *r*.
𝔖	ſs	S	s	Es	Ess	= *s* hard, as in *sing*.
𝔗	t	T	t	Te	Tey	= *t* and *tz*.
𝔘	u	U	u	U	Oo	= $\overline{oo}$ in *food, foot*.

B

Character.				Names.		Sound.
Norse.		English.		Spelt.	Pronounced.	
𝔙	v	V	v	Ve	Vey	= *v* in *vow*, *w* in *owl*.
𝔛	r	X	x	Eks	Eks	= *x* hard.
𝔜	y	Y	y	Y	U	= *u* French, *û* German, or Scotch *ui* in *muir*.
𝔖	z	Z	z	Z	Set	= *z*.
𝔄	æ	Æ	æ	Ã	Ai	= $\breve{ai}$ in *sail, said*.
𝔒	ø	Ö	ö	Œ	Ö	= ö·German, *i* in *sir*.

Remarks on the Letters.

Aa   = *a* in *wall;* *o* in *throne.* Ex. Staal, good health (pron. *skoal*). Haab, hope (pron. *hoab*).

D   final after another consonant in the same syllable is mute, and has the effect of shortening the vowel: thus Band, water, Ild, fire, Field, mountain, Haand, hand, are pronounced *vann, ill, fyell, hoan.* It is also mute before sk, st, t, as bedst, best, Skyds, conveyance (pron. *best, schyuss*).

E   long and short. meget, much (pron. *meyget*). As a final syllable its sound approaches that of the short *e* in *the;* e. g. spise (*spees-e*), eat. After a vowel at the end of a word *e* is mute, as nye Klæder, new clothes (pron. *nee clayder*).

Ee   ee = *ā* in *crane.* Ex. peen, pretty (pr. *pane*).

Ei   ei = *ay.* Ex. nei, nay.

G   g is mute before j in the same syllable, as gjeld, debt (pron. *yell*); and in such words as Vogn, a carriage (pron. *vongn*). It is sounded like *y;* before n in some words, as Regn, rain, pronounced like the English word; in the termination ig,—ex. tækkelig, charming (pron. *tekkely*); and in jeg, I (pron. *yey*).

I   i = *ey* in the pronouns mig, dig, sig (pron. *mey, dey, sey*).

I   i = *y,* as Jord, earth (pr. *yore*).

К   k = *ch*, when it precedes j, i, or y; ex. Kjød, meat (pron. *chyud*). This softening of the k is not considered elegant, but appears to be universal. There is a tendency in Norwegian to insert the *y* sound after k and g, where it does not appear in Danish, and at the same time to soften the consonants. Thus Danish Kæmpe, champion, becomes in Norse Kjæmpe (pron. *kyempe* or *chemp*; gjenkjende, recognize, is pron. *ghenkende* in Danish, but *yenkyende* in Norse. So Kjøbmand becomes in English *chapman:* and there is an analogous tendency in some dialects to pronounce garden, *gyarden*, guardian, *gyardian*.

O   o = ō in *repose*, ŏ in *lot*, and sometimes *o* in *move*, as stod, stood (pron. *stōde*); Fos, waterfall (*fŏss*); Sko, shoe (pron. *sko*); to, two (pron. *too*).

S   sk = *sh*, before j, i, g: ex. Skiørt, petticoat (pron. *shirt*); Skjæg, beard (pron. *sheg*). The Danes pronounce the k hard in all these cases.

T   ti = *tzi* in words of foreign origin, as Station, station.

Obs. In Swedish the Roman letters are used: in Danish and Norse, the Gothic or German, and all nouns are spelt with a capital initial letter.

1. Exercise.—On Pronunciation.

Jeg tvivler ikke (pron. *yey tveeler ikke*), I doubt not.
Drukken af Viin (*av Veen*), drunk with wine.
Tæt ved Elven (*tet vade elven*), close to the river.
Kommer Dampskibet (*Dampshipet*)? Is the steamer coming?—In Danish the k is hard.
Til Sogne Fjord (*til Songne Fyord*), to Sogne Fjord.
Slaae igjen (*slow iyen*), to hit back, return a blow.
Han rider gjerne, he is fond of riding.
Gjestgivergaard (*Yestyivergoar*), an inn.
En snild Karl (*en snil karl*), a nice fellow.

Jeg har aldrig feet Magen dertil (pron. *aldree sayt makken*), I have never seen the match thereto, or the like of it.

Den kjære Ven staaer i Kiøkkenet, the dear friend is in the kitchen.

Kjør til! Drive on!

Jeg kjedede mig paa Comedien, I was tired of the play.

Gid Du faae Skam! Shame upon you!

Vel kommen tilbage (*tilbakke*)! welcome back again!

Han kunde nok gjøre det men han vil det ikke, he could, I am sure, do it, but he will not.

Hun veed ikke hvad hun vil (*veyt ikke*), she knows not what she wants.

Hvilken er Veien til Tolbboden? which is the way to the custom-house? *lit.* toll-booth.

Kan De[1] sige mig om denne Vei fører til Kirken? can you tell me whether this road leads to the church?

De ere paa den rette Vei, you are on the right way.

Tak skal De have, thanks shall you have; *colloq.* thank you.

De taler altfor hurtigt, you speak too fast.

Hvem spørger De efter? whom ask you after?

Saa man har sagt mig, so people have told me. Here man is used as in German = *one*. We generally employ the passive voice in such cases, e. g. I have been told so.

Hvor staaer det til (*voar stawer de' til*)? how stands it to you? how do you do?

Jeg takker meget vel, I thank you, very well.

Hvad (*va'*)? what? Where in English we say, I beg your pardon; or, What did you say?

Forstaaer De mig? do you understand me?

Ja. Jo, Ja vist. Nei, ikke det (*ikke de'*, the *t* is mute and

---

[1] De literally 'they,' pronoun of the 3rd person plural; but when written with a capital letter it is used for the 2nd person, 'you,' like the German Sie. So the other cases. Deres, your. Dem, you, accus. Du, thou, is employed speaking familiarly to servants, children, &c.

the *e* short in bet, it). Yes. Yes to be sure. No, not I. Jo is used after a negative question.
Han kan slet intet Norsk, he knows no Norse at all.
Jeg ønsker at tale med Dem[2], I want to speak to you.
Han vilde tale med Dem, he wanted to speak with you.

CHAPTER II.

THE ARTICLE.

THERE are two sorts of article—definite, *the;* and indefinite, *an*.

The is represented by en or et suffixed to the end of nouns substantive, plur. ne; by den, det, de, placed before adjectives.

An is represented by en or et placed before nouns adj. as well as sub.

With nouns substantive the articles are thus declined:—

1. Definite.

  Masc. and Fem.   SINGULAR.   Neuter.
N. Skoven, the wood.   Træet, the tree.
G. Skovens, the wood's.   Træets, the tree's.

        PLURAL.
N. Skovene, the woods.   Træerne, the trees.
G. Skovenes, the woods'.   Træernes, the trees'.

2. Indefinite.
        SINGULAR.
N. en Skov, a wood.   et Træ, a tree.
G. en Skovs, a wood's.   et Træs, a tree's.

[2] See preceding note.

With nouns adjective the article is declined as follows:—

1. Definite.

Masc. and Fem.   SINGULAR.   Neuter.

N. den varme Sol, the warm sun.   det gode Barn, the good child.

G. den varme Sols, the warm sun's.   det gode Barns.

PLURAL.

N. de varme Sole, the warm suns.   de gode Børn.

G. de varme Soles, the warm sun's.   de gode Børns.

2. Indefinite.

SINGULAR.

N. en varm Sol, a warm sun.   et godt Barn, a good child.

G. en varm Sols.   et godt Barns.

PLURAL.

varme Sole.   gode Børn.

OBS. The def. art. requires that the adj. following should end in *e* in all cases and numbers.

The ind. art. has no influence on the inflexion of the adjective.

OBS. 1. When an adjective in the neuter is used substantively with the definite art., det must be employed and not the suffix, as det Hele, the whole; but we may say hele Verden, all the world.

OBS. 2. The form den, det, being originally a demonstrative pronoun, must always be used when a relative pronoun or sentence follows: den Mand som sagde mig, the man who told me (not Manden); den Fornøielse at dandse med Dem, the pleasure of dancing with you (not Fornøielsen).

EXERCISE ON THE ARTICLES.

Translate—

Lad os gaae over Gaben her.
Let us go across here.

Jeg maa sige Farvel til Selskabet.
I must say farewell to

Vil De gjøre mig en Tjeneste.
Will you do me

Vær saa god at tage en Stol.
Be so good as to take

Tag ikke den gamle Stol.
Don't take

Alle Aviserne omtale det.
All mention it.

Det er en urimelig Fortælling.
It is

Det regner men det er kun en liden Byge.
It rains, but it is only

Regnen tager af.
takes up, is clearing off.

Dette er Dampskibets Contoiret.
This is

Afgaaer der snart et Dampskip til Bergen?
Starts there soon for

Men det er maaskee tydske Skibe De sige til, og jeg finder de Engelske bedre.
But it is perhaps German vessels you mean, and I find

Det er "Kronprinsessen" et nyt og behageligt Fartøi.
It is new and comfortable

Jeg har to Tjenere og tre Hunde.
I have two

Hvormeget koster Overfarten for Tjenerne?
How much costs

De seer noget bleg ud, jeg frygter for De ikke ere vel.
You look rather pale, I fear you are not well.

Det er en Følge af Søegangen og Skibets Gyngen.
It is of

See her ligefrem, paa den høiere Side af Floden, der seer De
    Toldboden.
See here straight forward, on there see you

See her, denne store sorte og den gule Skindkuffert med en
        this large black and that   with
    Messingplade paa Laaget   tilhøre mig.
                      belong to me.

Lad mig see det [3] Værelse jeg skal sove i.
Let me see   I shall sleep in

Vil De have den [3] Godhed at lade mig see de tre Værelser.
          the kindness to

Hører der endnu andre Værelser til denne Leilighed.
Belong there yet other   to this suite

Der er Kiøkkenet og Pigekammer.

Hvad forlanger De for det [4] Hele.
    ask you for

Naar skal vi have den Fornøielse at see Dem igjen?
When

I to Timers Tid.

Jeg skal sende Dem nok en Flaske.

Denne Tegning er efter Naturen.

Exercise 2.—On the Article.

Translate into Norse.

The [1] country. A [2] free country. The country's [3] welfare. The [4] situations of [5] old [6] towns. A [7] chair. The chairs. A [8] king. The [9] friendship of the [10] great. A [11] long [12] way. [13] Mountain. [14] Clouds. A [15] woman. An [16] inn. [17] Ladies [18] dresses. A [19] good [20] intention. The [21] honour [22] of knowing you. The [23] whole [24] earth. The whole [25] company. [26] All the day. [27] Every day. [28] Will you keep the whole. [29] Give me one half and

[3] Vide Obs. 2, p. 6.   [4] Vide Obs. 1, p. 6.

keep the other. ³⁰ Fine ³¹ weather. A ³² bath. The ³³ knives. The ³⁴ beds. The ³⁵ towels. The ³⁶ harness.

¹ Land, n. ² Fri, neut. frit; pl. frie. ³ Velfærd, n.
⁴ Beliggenhed. ⁵ Gammel, gammelt, gamle. ⁶ By, pl. er, c.
⁷ Stol, e, c. ⁸ Konge, pl. r, c. ⁹ Venskab, n. ¹⁰ Stor, stort, store. ¹¹ Lang, langt, lange. ¹² Vei, e, c. ¹³ Bierg, e, n.
¹⁴ Sky, r, c. ¹⁵ Quinde, r, c. ¹⁶ Gjestgivergaard, e, c. ¹⁷ Dame, r, c. ¹⁸ Kiole, r, c. ¹⁹ God, godt, gode. ²⁰ Agt, pl. *caret*, c.
²¹ Ære, pl. *caret*, c. ²² At Kjende Dem. ²³ Heel, helt, hele. ²⁴ Jord, pl. er, c. ²⁵ Selskab, er, n. ²⁶ Al, alt, alle. ²⁷ Hver, hvert.
²⁸ Vil De holde. ²⁹ Giv mig den ene Halvanden, andet, andre.
³⁰ Smuk, smukt, smukke. ³¹ Veir, n. ³² Bad, e, n. ³³ Kniv, e, c. ³⁴ Seng, e, c. ³⁵ Haandbug, pl. c. ³⁶ Seletøi, n.

CHAPTER III.

NOUNS SUBSTANTIVE.

1. GENDER.—There are two genders in Norse, common and neuter. They do not imply any distinction of sex, as in English; and are to be known by the article employed—den for the common, det for the neuter.

The gender of nouns can only be learnt by practice and observation, as they cannot be comprehended under general rules.

Some few derivatives, however, may be classed:

Those ending in eri and skab are neut, as Bryderiet, trouble.

Those in de, dom, hed, ing, ning, else, sel, t, st, en, are common.

OBS. Compound words take the gender of the last part, as et Fruentimmer.

2. NUMBER.—There are two numbers, singular and plural.

3. CASE.—There are only two cases inflected, the nominative and genitive, as in English; the gen. being formed by adding s to to the nominative in both numbers.

Hence arise two declensions—

1. The simple, containing all words ending in *e* short.
2. The complex, comprising all other words.

The simple declension forms the plural in r.

The complex contains three classes, according to the formation of the plural—

1. When it is the same as the singular.
2. When it is formed by adding e to the sing.
3. When it is formed by adding r.

Paradigm of the 1st, or simple declension—

a. Indefinite.

Neuter gender.

SING. N. et Stykke, a piece.
G. et Stykkes, a piece's.
PLUR. N. Stykker, pieces.
G. Stykkers, pieces'.

Common gender.

SING. N. en Fjende, a foeman.   en Dame, a lady.
G. en Fjendes, a foeman's.   en Dames, a lady's.
PLUR. N. Fjender, foemen.   Damer, ladies.
G. Fjenders, foemen's.   Damers, ladies'.

β. Definite.

Neuter gender.

SING. Stykke=t, the piece.
Stykke=ts, the piece's.
PLUR. Stykker=ne, the pieces.
Stykker=nes, the pieces'.

NORWEGIAN GRAMMAR. 11

Common Gender.

SING. N. Fjende-n, the foeman. Dame-n, the lady.
G. Fjende-ns, the foeman's. Dame-ns, the lady's.
PLUR. N. Fjender-ne, the foemen. Damer-ne, the ladies.
G. Fjender-nes, the foemen's. Damer-nes, the ladies'.

OBS. 1. The definite article when suffixed takes the inflection of the gen., but not the noun itself.

OBS. 2. Words ending in e denoting rank, drop the e before a name; as, Kong Christian for Konge.

OBS. 3. Et Die, an eye, forms Dine in the pl.; Dines, gen.; Dinene, Dinenes, def.

Et Øre, an ear; pl. Øren or Ører; gen. Ørens, Ørers; defin. Ørerne, Ørene, Ørernes, Ørenes.

En Oxe, an ox; pl. Oxer, Øxne, Øxen.

Paradigm of the 2nd, or complex declension—

a. Indefinite.

First class.
SING. N. et Ror, a rudder.
G. et Rors, a rudder's.
PLUR. N. Ror, rudders.
G. Rors, rudders'.

Second class.	Third class.
SING. N. en Hest, a horse.	en Sag, a thing.
G. en Hests, a horse's.	en Sags, a thing's.
PLUR. N. Heste, horses.	Sager, things.
G. Hestes, horses'.	Sagers, things'.

β. Definite.

First class.
SING. N. Ror-et, the rudder.
G. Ror-ets, the rudder's.
PLUR. N. Ror-ene, the rudders.
G. Ror-enes, the rudders'.

Second class.	Third class.
SING. N. Hest-en, the horse.	Sag-en, the thing.
G. Hest-ens, the horse's.	Sag-ens, the thing's.
PLUR. N. Hest-ene, the horses.	Sag-erne, the things.
G. Hest-enes, the horses'.	Sag-ernes, the things'.

OBS. Some words double the final consonant as soon as a termination beginning with a vowel is added, as et Lam, a lamb;

Lammet, the lamb. Dissyl. in el, en, are contracted in the plur., as en Nøgel, a key, Nøgler.

In every declension nouns occur which change their vowel in the plural. Traces of this process are found in English, as *goose*, pl. *geese*.

The following is a list of the most useful:—

1. Simple declension.

    en Bonde, a farmer; pl. Bønder, farmers.

2. Complex.

First class.

en Gaas, a goose; pl. Gæs, geese.
en Mand, a man; pl. Mænd, men.
et Barn, a child; pl. Børn, children.

Second class.

en Fader, a father; pl. Fædre, fathers.
en Broder, a brother; pl. Brødre, brothers.
en Moder, a mother; pl. Mødre, mothers.
en Datter, a daughter; pl. Døttre, daughters.

Third class.

  en And, a duck; pl. Ænder.
  en Tand, a tooth; pl. Tænder.
  en Stand, an estate; pl. Stænder.
  en Stang, a pole; pl. Stænger.
  en Ko, a cow; pl. Køer.
  en So, a sow; pl. Søer.
  en Nat, a night; pl. Nætter.
  en Fod, a foot; pl. Fødder.
  en Rod, a root; pl. Rødder.
  en Tang, tongs; pl. Tænger.
  en Taa, a toe; pl. Tæer.
  en Stad, a city; pl. Stæder.
  en Raa, a yard; pl. Ræer.
  en Bod, a fine; pl. Bøder.
  en Bog, a book; pl. Bøger.
  en Haand, a hand; pl. Hænder.
  en Klo, a claw; pl. Kløer.
  en Vaand, a wand; pl. Vænder.

Obs. Besides the inflected gen. in s, the gen. is sometimes formed by the preposition af, as et Taarn af Steen, a tower of stone; Kongen af Danemark's Lande, the king of Denmark's territories. In this respect the Norse idiom coincides with our own; but the inflected form is much more common in Norse to express both the objective and subjective genitive.

The preposition is omitted after nouns of measure and the like: ex. et Glas Øl, a glass of beer; en Lap Papir, a scrap of paper.

Sometimes the gen. is used adverbially with the preposition til, as til Fods, on foot; til Sengs, a-bed; til Hests, on horseback.

Exercise on the Noun Substantive.

1. Decline with the article, definite and indefinite—

Brød, bread. Viin, wine. Kjole, coat. Barn, child. Søn, son. Enke, widow. Øie, eye. Huus, house. Dør, door. Lys, candle. Vadskevandstol, washhandstand. Vandspand, tub, bucket. Bæk, brook. Krud, gunpowder. Ladestok, ramrod. Gevær, gun. Hagel, small shot. Fiskestang, fishing-rod. Snor, line. Krog, hook. Pidsk, whip. Penge, money. Krambod, a shop. Kjøbmand, merchant. Fru Kjætter. Mrs. Kætter.

2. Translate into English—

Dampskibet kommer [1] snart. [2] Om Morgenen. Veien er god. Barnets Øie. Damernes [3] Hudfarve. [4] Munden af [5] Elven. Et [6] Slag i Hovedet. Et Stykke Træ. [7] Præstens seistenaarige Barnpige. Den [8] rige Møllers [9] muntre Søn. Et [10] Splinternyt [11] Æble fra Paradis. En [12] Luftstrømning [13] indtagende en [14] Brede af [15] omtrent 200 [16] Skridt. I [17] Følelsen af [18] sin Lykke. Herrer og Damer. [19] Paa den [20] Plads hvor den ny Mølle [21] havde staaet. [22] Høstens Tid. Vinden fra [23] Vesten. Hestene [24] vare bestilt [25] til Klokken [26] eet.

[1] Quickly. [2] About, in the morning. [3] Complexion. [4] Mouth. [5] River. [6] Blow on the head. [7] The clergyman. Sixteen-year-old. [8] Rich. [9] Sprightly. [10] Bran new. [11] Apple. [12] Current of air. [13] Occupying. [14] Breadth.

[15] About. [16] Paces. [17] Feeling. [18] His. [19] Upon. [20] Place. [21] Had stood. [22] Autumn. [23] West. [24] Were ordered, past tense of *være*, to be. [25] At, for, against. [26] One, neut.

3. Translate into Norse—

A piece of [1] bread. The mouth of the [2] harbour. The [3] height of the [4] wall. The [5] sailors' [6] hats. The [7] keel of the [8] boat. A glass of beer. [9] Knives and [10] plates. A [11] pair of [12] stockings. A [13] bucket of water. A [14] spoon. [15] Some [16] meat. A [17] winter's night. The trees, the [18] cliffs, and the [19] waves of the [20] sea. The [21] force of the [22] stream. A [23] boys' [24] school. [25] Envelopes for [26] letters. Money. [27] Letters of the [28] alphabet. The [29] tailors' shops. The [30] barrel of a gun. [31] Ten brace of [32] ptarmigan. [33] Powder and shot. A [34] dozen hooks. [35] Twenty [36] yards of line. [37] Saddle and [38] bridle. The [39] top of the [40] hill. The [41] price of the harness and [42] carriole. The [43] spoke of the [44] wheel. The [45] banker's [46] office. [47] Three pair of shoes. The way to the hotel. The [48] street leading to the [49] railway station. A pailful of [50] milk. Two [51] berths [52] on board a [53] screw steamer. The [54] steward's cabin. An [55] eider-duck's [56] nest. A [57] shoal of [58] seals. A forest of [59] pine and birch trees. A [60] pipe of tobacco. The pleasure of your company. The [61] honesty of the servants. [62] Six men on horseback. Time to [63] go to bed. The price of a [64] team of oxen. A [65] hundred paces from the [66] corner of the street.

[1] Brød, et; pl. *idem* (the same). [2] Havn, en; pl. e. [3] Høide, en; pl. er. [4] Muur, en; pl. Mure. [5] Matros, en; plur. er. [6] Hat, en; pl. te. [7] Kiol, en; pl. e. [8] Baad, en; pl. e. [9] Kniv, en; pl. e. [10] Tallerken, en; pl. er. [11] Par, et; pl. *id.* [12] Strømpe, en; pl. r. [13] Spand, en; pl. e. [14] Skee, en; pl. r. [15] Noget [16] Kiød, et; pl. *caret.* [17] Vinter, en; pl. Vintre. [18] Klippe, en; pl. r. [19] Bove, en; pl. r. [20] Sø, en; pl. er. [21] Magt, en; pl. er. [22] Strøm, en; pl. me. [23] Gut, en; pl. ter. [24] Skole, en; pl. r. [25] Brev=omslag, et; pl. *id.* [27] Bog=

ſtav, et; pl. er. [28] Bogſtavorden, en; pl. c. [29] Skræbber, en; pl. e. [30] Løb, et; pl. id. [31] Ti. [32] Rype, en; pl. r. [33] Krub, et; pl. c. [34] Duſin, et; pl. er. [35] Type [36] Alen, en; pl. id. [37] Sabel, en; pl. Sabler. [38] Bidſel, et; pl. Bidſler. [39] Top, en; pl. per. [40] Bakke, en; pl. r. [41] Priis, en; pl. er. [42] Karriol, en; pl. er. [43] [44] Hiul, et; pl. id. Hiul=ege. [45] Banquier, en; pl. er. [46] Contor, et; pl. er. [47] Tre. [48] Gabe, en; pl. r. [49] Jernbane, en; pl. r. Station, en; pl. er. [50] Melk, en; pl. c. [51] Køie, en; pl. r. [52] Ombord. [53] Skrue=dampſkib, et; pl. e. [54] Reſtorateur, en. [55] Ederfugl, en; pl. e. [56] Rede, n; pl. r. [57] Mængde, en; pl. r. [58] Sæl=hund, en; pl. e. [59] Gran og Birk=træer. [60] Pibe, en; pl. r. Tabak. [61] Ærlighed, en; pl. c. [62] Seis. [63] Tid at gaae. [64] Spænd, et; pl. id. [65] Hundrede. [66] Kjerne, et; pl. r.

CHAPTER IV.

ADJECTIVES.

ADJECTIVES may be divided into those of two terminations and those of one.

Adjectives of two terminations are those which distinguish the neuter from the common gender, as en ſyg Mand, a sick man; et ſygt Barn, a sick child.

Adjectives of one termination are those which do not distinguish the genders, as en kort Bei, a short way; et kort Sværd, a short sword.

This distinction is observed only in the indefinite form. The plural of both genders ends in e.

The singular and plural of both genders end in e when the definite article precedes.

For example, take the adj. hvid, white, with Papir, paper, neuter, and Farve, colour, common gender.

Definite form.

	Neuter.	Common.
Sing. N.	det hvide Papir.	den hvide Farve.
G.	det hvide Papirs.	den hvide Farves.
Plur. N.	de hvide Papirer.	de hvide Farver.
G.	de hvide Papirers.	de hvide Farvers.

Indefinite form.

	Neuter	Common
Sing. N.	hvidt Papir.	hvid Farve.
G.	hvidt Papirs.	hvid Farves.
Plur. N.	hvide Papirer.	hvide Farver.
G.	hvide Papirers.	hvide Farvers.

The indefinite article has no influence on the inflexion of the adjective; e. g.

Neuter.
Sing. N. et ungt Barn, a young child.
  G. et ungt Barns, a young child's.
Plur. N. unge Børn, young children.
  G. unge Børns, young children's.

Common.
Sing. N. en ung Mand, a young man.
  G. en ung Mands, a young man's.
Plur. N. unge Mænd, young men.
  G. unge Mænds, young men's.

Obs. In adjectives ending in el, en, er, this e is omitted in the plur. and def. form, as gammel, gammelt, plur. gamle, old.

Dissyllable participles in et change this termination into ede in the plur. and def. form, as elsket, beloved; pl. elskede.

The adj. lille, little, is irregular; thus

	Neut.	Com.	
Indef. Sing.	lille / lidet	lille / liden	} pl. smaa.

Def. Sing. det, den, lille; pl. de smaa.

Meget, megen, much, has neither a pl. nor a def. form.

NORWEGIAN GRAMMAR.   17

Specimen list of adjectives of two terminations.

Neuter.	Common.	Plural and definite.
sygt	syg	syge, sick
ærligt	ærlig	ærlige, honest
sandt	sand	sande, true
drøjt	drøj	drøje, lasting
fuldt	fuld	fulde, full
ungt	ung	unge, young
galt	gal	gale, foolish, bad
heelt	heel	hele, whole
reent	reen	rene, clean
trygt	tryg	trygge, safe
smukt	smuk	smukke, pretty
grønt	grøn	grønne, green

Of one termination.

S. neut. & com.	Pl. and def.	S. neut. & com.	Pl. and def.
kort	korte, short	dobbelt	dobbelte, double
fransk	franske, French	glad	glade, glad
ringe	ringe, mean	tro	tro, true
bly	bly, bashful	ædru	ædru, sober

EXERCISE ON THE DECLENSION OF ADJECTIVES.

1. Decline: A short gun. The honest farmer. A young girl. A foolish thing. A green root. Clean water. A little bit. A good horse. A pretty colour. A new coat.

2. Translate into English:

Lader os tage en liden Tour.   Det er en meget god Tanke.
Let us take   That is

Er Veien god?   Boer han ikke i Værelserne til Gaden.
                Dwells he not in   towards

Det er slet Veir.   Vær saa god at sige mig hvor mange Klok-
It is   Be so good as tell me how

ken er?   Den mangler fire Minuter i Sex.   Vil De være saa
          It wants   Will you be

c

god at give mig franske Penge for disse Sovereigns? Hvad
                                       these

synes De om de røde Agerhøner?   De have en udmærket
think you of   They

Duft og ere ypperlig stegte. Vær saa god at sige mig den korteste
                        done.

Gjenvei. Drei af til Venstre og da kommer De til Jernbanen.
         Turn to the left

Det er sandt—det er det bedste vi kunne gjøre. Det er mig en stor
                                  can   do

Fornøielse at høre det. Jeg kan ikke sige hvor glad jeg er. Om
Forladelse. Alt forladt. I de sidste to Maaneder har jeg ikke
All forgiven.   last

hørt fra ham. Vil De vise mig   Deres
heard acc. of han show your (gen. of De)

Tøi, og lukke Vadsækkerne op. Godt, det kan De gjerne tage med
        open   if you like

Dem i Baaden, men Kufferterne maae paa Told=
acc. of De   must (go)
boden.

Translate into Norwegian—

[1] Give me white bread. [2] Fetch me some [3] breakfast. [4] Waiter! The [5] red wine is the best. [6] Bring out the [7] fresh horses. Are the beds [8] ready? [9] Show me the way. [10] I will follow you. [11] Bring up [12] my [13] luggage, and [14] put my [15] trunk into the bedroom. [16] Take the candle [16] away. Where is the [17] water-closet? Be so good as to bring [18] the bill. How far is it from here to Drontheim? Where does Mr. Meyer live? I [19] think the English dresses are the handsomest. [20] I like the country very much, and the [21] people are kind. Your coat is too [22] short, and [23] must be altered. My shoes are too [24] tight and [25] pinch my toes. Never [26] mind, this [27] leather [28] stretches

like a ²⁹ glove. They ³⁰ hurt my feet, ³¹ I tell you.
³² All right. Out in the forest there ³³ stood such a
pretty pine-tree; it had a good place, it ³⁴ could get
sun, ³⁵ there was air enough, and ³⁶ round about it grew
many large ³⁷ companions, både pine and fir.

¹ Giv mig. ² Hent mig: noget, nogen, some; pl. nogle.
³ Frokost, en. ⁴ Opvarter, en, pl. e. ⁵ Rød. ⁶ Bring ud.
⁷ Frisk. ⁸ Færdig. ⁹ Viis. ¹⁰ Jeg følger efter. ¹¹ Bring op.
¹² Min, mit, pl. mine. ¹³ Tøi, et. ¹⁴ Sæt. ¹⁵ Kuffert, Stin=
kuffert. ¹⁶ Tag bort. ¹⁷ Vandhuus, et. ¹⁸ Regning, en. ¹⁹ Jeg
tænker or troer. ²⁰ Landet lyder jeg godt (the order is fre-
quently inverted in Norse for the sake of emphasis).
²¹ Folket. ²² For, altfor. ²³ Maa forandres. ²⁴ Snævre. ²⁵ Trænge
or klemme. ²⁶ Det gjør intet, dette. ²⁷ Leder. ²⁸ Strækker sig
som. ²⁹ Haandske, en. ³⁰ De gjøre mig ondt i. ³¹ Siger jeg.
³² Det er det samme. ³³ Stod der saadant. ³⁴ Kunde det faae.
³⁵ Luft var der nok af. ³⁶ Rundt omkring vorte. ³⁷ Kammerater,
baade Gran og Fyr.

CHAPTER V.

COMPARISON OF ADJECTIVES.

The comparative is formed by adding ere to the root
form or common gender of the positive, as et smukkere
Barn, a prettier child; lærdere Personer, more learned
persons.

The comparative is indeclinable.

The superlative is formed by adding est, as kort, kortere,
korteste.

The superlative distinguishes the definite form by
adding e, but is otherwise indeclinable.

Participles are compared by the help of meer, meest,
more, most.

Those adjectives which are contracted in the positive,

are contracted also in the other degrees, as ædel, æblere, æbleſt.

Derivatives in ig, lig, admit only ſt (not eſt) in the superlative degree, as ærlig, ærligſt.

The following are irregular:

lang=t, længere, længſt, long.
ung=t, yngere, yngſt, young.
ſtor=t, ſtørre, ſtørſt, great.
libet=en, mindre, mindſt, small.
ſmaa, (pl.) ſmærre (ſmærreſt).
faa, (pl.) færre, færreſt, few.
meget, en, mere, meeſt, much.

mange (pl. flere, fleeſt), many.
god=t, bedre, beſt, good.
ond=t,   ⎫
ſlem=t, værre, værſt, ⎬ bad.
gammel=t, ældre, ælbſt, old.
(nær=t) nærmere, nærmeſt, near.

The following are defective, being derived from adverbs and prepositions:

(ned, down) nedre, nederſt.
(over, over) øvre, øverſt.
(yd, out) ydre, yderſt.
(ind, in) indre, inderſt.
ene, alone, det eneſte.

(for, fore) forreſt.
(bag, behind) bagerſt.
(før, before) førſt.
(ſiden, afterwards) ſidſt, last.
(mellem, between) mellemſt.

EXERCISE ON THE COMPARISON OF ADJECTIVES.

1. Compare: ſyg, sick; ſand, true; fuld, full; god, good; gal, bad; peen, pretty; ny, new; ſikker, sure; daarlig, stupid, poorly; værdig, worthy; gammel, old; tung, heavy; træt, tired; ſeen, late.

2. Translate into English—

Vær ſaa god at ſige mig den korteſte [1] Gjenvei. Contoiret [2] er nederſt i Gaden. Jeg [3] føler den dybeſte [4] Sorg [5] derover. [6] Med den ſtørſte Fornøielſe. [7] Dette er den [8] ſeneſte [9] Efterretning. Jeg [10] troede De var ældre. Nu [11] bliver han ſvagere, og ſvagere. Jeg har været [12] noget upaſſelig, men nu er jeg bedre. Ja, det [13] maa De vide bedre end jeg. Jeg har [14] ingen Lyſt til at blive ſkamferet, førend de blive videre. Dette er noget [15] tyndt, men det førſte er mere ſolid end det andre. Er dette det fineſte De har. Er det den [16] laveſte Priis.

¹ Short cut. ² Is. ³ Feel. ⁴ Sorrow ⁵ on that account. ⁶ With. ⁷ That. ⁸ Latest. ⁹ News. ¹⁰ Thought. ¹¹ He is now getting weaker. ¹² Somewhat indisposed. ¹³ You ought to know. ¹⁴ Intet, ingen, no, none—Lyst, desire to become crippled before. ¹⁵ Thin. ¹⁶ Lowest.

3. Translate into Norse—

Have the goodness to give me the best you have. I think this is the longest way of all. Not in the least. There are more men than horses. ¹ Which do you like best? He lives at the bottom of the street. This steamer is the worst ² I ever saw. He was the least drunk of the party. The whitest paper is not the best. They ³ will come sooner or later. Who was the handsomest? Are not the English steamers faster than the French? You speak better Norse than your eldest brother. You cannot get better bread for less money. The sea will soon ⁴ become smoother.

¹ Hvilken. ² Jeg aldrig har seet. ³ De kommer. ⁴ Bliver snart.

CHAPTER VI.

NUMERALS.

	Cardinal.	Ordinal.
1.	eet, een, one	det, den første, the first
2.	to	det andet, den anden
3.	tre	det, den tredie
4.	fire	fjerde
5.	fem	femte
6.	sex	sjette
7.	syv	syvende
8.	aatte	ottende
9.	ni	niende

	Cardinal.	Ordinal.
10.	ti	tiende
11.	elleve	ellefte
12.	tolv	tolvte
13.	tretten	trettende
14.	fjerten	fjortende
15.	femten	femtende
16.	sejsten	sejstende
17.	sytten	syttende
18.	atten	attende
19.	nitten	nittende
20.	tyve	tyvende
21.	een og tyve	een-og-tyvende
30.	tredive	tredivte
40.	fyrretyve	fyrretyvende
50.	halvtres, halvtredsindstyve	halvtredsindstyvende
60.	tres, tresindstyve	tresindstyvende
70.	halvfjers, halvfjersindstyve	halvfjersindstyvende
80.	firs, firsindstyve	firsindstyvende
90.	halvfems, halvfemsindstyve	halvfemsindstyvende
100.	hundrede	hundrede
101.	hundrede og eet	hundrede og første
200.	to hundrede	to hundrede
1000.	tusinde	tusinde

een Gang, once — første Gang
to Gang, twice — anden Gang

½ en halv — ¼ en Fjerdedeel
1½ halvtandet, halvanden — ⅓ en Trediedeel
2½ halvtredie — 1¼ een og en Fjerdedeel

et Par, a couple, pair, brace — en Snees, a score
et Dusin, a dozen

Exercise on the Numerals.

Translate into English—

Han ¹reiser selv tredie. Disse ²Lommetørklæder koste tre Mark og fire Skillinger hvert Stykke. Hun kom ³selv anden. Den nittende Januar. Hvad er Klokken? Hvad Datum have vi? Jeg ⁴veed ikke hvor mange de ere. Klokken er syv, eller fem Minuter over syv. Den ⁵mangler ti Minuter i halv tre. ⁶Den er tre Qvarteer til sex. Vær saa god at sige mig hvad Klokken er. Den er et Qvarteer ⁷over eet. Den er tre Qvarteer til ni. Den er ⁸slaaet aatte. Nu slaaer den snart. ⁹Den er ti Minuter over halv fem. ¹⁰Idag aatte Dag. ¹¹Forrige Uge. Een Gang ¹²til.

¹ Sets out, travels. ² Pocket-handkerchiefs. ³ With one other. ⁴ Know not. ⁵ Twenty minutes past two. ⁶ It wants a quarter to six. ⁷ Past. ⁸ Struck. ⁹ It is twenty minutes to five. ¹⁰ This day week. ¹¹ Last week. ¹² Once more.

Translate into Norse.

What o'clock is it? Twenty minutes to nine. Three minutes past one. Just four. Twenty-two minutes past eleven. Half-past two. It has just struck ten. A quarter to twelve. A quarter past seven. Six minutes to eight. How many miles ¹ do you think it is from here to Christiania? I don't know, ² perhaps 356. What date have we? November 4th, 1857. This day ³ fortnight. Last year. Forty miles a day. Seven and a half miles an ⁴ hour. Three and three-quarters a-piece. ⁵ I fell down three times in half an hour. In the second place. Three times three are nine. ⁶ He has entered his seventy-fourth year. Three dozen pocket-handkerchiefs. Thirty-three brace of trout. A mile and a half. Four and a half. Twice 53 ⁷ make 106. One dollar ⁸ contains five marks. He came with three others. He has been twice in Norway.

¹ Troer De. ² Maaskee. ³ Fjorten Dage. ⁴ Time, en, r.
⁵ Jeg faldt. ⁶ Han gaaer i. ⁷ Gjør. ⁸ Gjelder.

CHAPTER VII.

PRONOUNS.

Personal.

	First person.	Second person.
Sing.	N. jeg, I	du, thou
	A. mig, me	dig, thee
Plur.	N. vi, we	J, you
	G. vores, ours	eders, jer, yours
	A. os, us	eder, jer, you

Third person.

	Masculine.	Feminine.	Neuter.
Sing.	N. han, he	hun, she	det, it
	G. hans, his	hendes, her	dets, its
	A. ham, him	hende, her	det, it
Plur.	N. de, they, you		
	G. deres, their, your		
	A. dem, them, you		

Sig, himself, herself, itself, themselves, is used as a recip. acc. of the third person.

Selv, self, may be added to all three persons, in all numbers, and all cases except the genitive; also to sig.

Possessive.

Neut.	Com.	Plur.	
mit,	min,	mine,	my, mine
dit,	din,	dine,	thy, thine
sit,	sin,	sine,	its, his, hers, theirs
vort,	vore,	vore,	our (vores absolute, ours)

Neut.	Com.	Plur.	
jert,	jer,	jere,	your, yours (eders, yours; Deres, yours)
eget,	egen,	egne,	own (added to the other possessives)

DEMONSTRATIVE.

Singular.		Plural.
N. det, den, it, that		de, they (colloquially for *you*, sing. and plur., and then spelt with a capital letter)
G. dets, dens, its		deres, their
A. det, den, it		dem, those

Neut.	Common.	Plural.	
dèt,	dèn,	dè,	that (distinguished from the article by having a stress laid on it)
dette,	denne,	disse,	this, these
hint,	hin,	hine,	that, those yonder
saabant,	saaban,	saabanne,	such
sligt,	slig,	slige,	such
samt,	samme,	samme,	same

RELATIVE.

Der, who, nom. singular and plural of all genders.
Som, who, whom, singular and plural.

INTERROGATIVE AND RELATIVE.

Hvem? who? whom? hvad? what?
Hvilket? hvilken? pl. hvilke? which?
Hvis? whose?

INDEFINITE.

Der, there; as der findes, there are found; der siges, it is said.

Man, one, people, they; as man taler meget derom, it is the common talk.

Noget, nogen, nogle, some, any.
Intet, ingen, ingen, nothing, nobody, none.
Alt, al, alle, all.
Hvert, hver, every.
Et andet, en anden, andre, another, else.
Hinanden, each other ; hverandre, one another.
Ingenting, nothing; alting, everything.

Han, hun, are frequently used as terms of civility among the common people, especially when addressing persons of higher rank.

The country people in Norway frequently use the word Dokker, in addressing a stranger, a superior, and sometimes each other: Dokker kommer for tidlig paa Aaret, you come too early in the season.

Exercise on the Pronouns.

Translate into English—

Man [1] snakker ikke længere om denne Sag. Har De nylig hørt fra Deres Broder? Hendes Søster bliver 18 Aar gammel den 15de i næste Maaned. Hans Søn var 14 Aar forrige Uge. Det [2] bruges ikke her tillands. Hun bruger at vadske sig hver Morgen. Der er kommet dem noget [3] imellem. Han har [4] ladet sig gjøre en Kjole. Hun gjorde megen [5] Lykke paa Ballet. Jeg kan for min [6] Død ikke [7] udstaae ham. Jeg kan ikke [8] forklare mig det. Hun er [9] forlegen med sig selv. Det forstaaer sig selv. Jeg tager mig den [10] Frihed at spørge Dem. Det maa gaae som det vil. Det troer jeg gjerne. Hvorfor har De saadan [11] Hast. Hvad [12] heder det paa Norsk. Det er mig [13] lige kiært. Han [14] bader sig. De [15] smigre sig. De smigre Dem. De smigre dem. De bade sig. De bade dem. Bade De Dem. Vi [16] bryde os ikke om det. De [17] elske hinanden. Hvad [18] synes De. Kan man spise til Middag her. Er der noget mere at see. Hvad ønsker De at spise. Hvem er det. [18] Skam faa den som [19] sviger. Med hvilket Dampskib ere De kommen og hvorfra? Hvad Nyt er der? Dette er den seneste [20] Efterretning. Er der noget Nyt idag? Hvad for noget? Det er [21] umuligt. Hvilken Skade! Det er meget slemt, ikke sandt? Hvorledes kunde Nogen [22] bære fig faalebes ab? Jeg er ²³ vred paa Dem derfor. Mange Tak! Ingen ²⁴ Aarsag. Det er ikke min ²⁵ Forretning. Jeg kan ikke sige Dem hvor glad jeg er. Hver anden Dag. Hvormeget have vi at ²⁶ betale? Den er min egen Broder. Hvad ²⁷ flags Værelser vil De have? Forskiellige Slags Ting. Naar Gutten ²⁸ vaagnede tog han ²⁹ Duggen sin. Han gav mig denne Haandbug. Vi selv ere kommen derfra. Han kom selv anden. Jeg skal gjøre mit dertil. Det er mig ganske eens. Alle Børnene gaae eens ³⁰ klædte. Hiin høie ³¹ Bygning, som vi ³² kun see svagt maa være Kirken. Men mine Kufferter og Vadsækker, hvad skal jeg gjøre med dem. Det er det samme. I vort Land. Det er vores, ikke sandt? Derved ³³ erholde vore ³⁴ Havkyster med deres høie og ³⁵ bratte Klipper, en ³⁶ nøgen og ³⁷ ugjæstmild Character, hvis eneste ³⁸ Afverling ³⁹ bestaaer i Fjeldenes og ⁴⁰ Dernes forskjellige Grupperingsmaabe og Former, der ofte vel ere pittoreske nok til for en kort Stund at ⁴¹ fængsle den Reisendes Opmærksomhed.

¹ Talk. ² Is not the custom. ³ Between. ⁴ Ordered, got made. ⁵ Sensation. ⁶ Death (we say, "for the life of me"). ⁷ Abide. ⁸ Account for. ⁹ At a loss what to do. ¹⁰ Liberty. ¹¹ Hast. ¹² Is called, Eng. hight. ¹³ All the same, equally agreeable. ¹⁴ Bathe. ¹⁵ Flatter. ¹⁶ Trouble. ¹⁷ Love. ¹⁸ Think. ¹⁹ Shame take him who deceives. ²⁰ Intelligence. ²¹ Impossible. ²² Conduct. ²³ Angry. ²⁴ Cause. ²⁵ Business. ²⁶ Pay. ²⁷ Kind of room. ²⁸ Awoke. ²⁹ Cloth. ³⁰ Dressed the same. ³¹ Building. ³² But dimly. ³³ Obtain. ³⁴ Seacoasts. ³⁵ Steep cliffs. ³⁶ Bare. ³⁷ Inhospitable. ³⁸ Variety. ³⁹ Consists. ⁴⁰ Islands. ⁴¹ Rivet the traveller's attention.

Translate into Norse—

She ¹ wishes you to go in the boat with her brother. Will you go this way or that? Which ² do you like best, these ³ flowers or those? I never saw such a pretty one as that. Various kinds of flowers ⁴ grow in our own ⁵ garden. Any one who likes may have this white flower. He who ⁶ overtakes me first shall get it. He to whom I give it must 'put it in water. They who have so many may well give away some. We have enough for ourselves, for our ⁸ neighbours, and for the people who live on the other side of the river. To whom do these hooks ⁹ belong? ¹⁰ Pray tell me whose they are. They belong some to me, some to him, some to his friend; but I will give mine to your brother. There is your mother; make haste, ask her. They flatter themselves they know how to talk English. Yes, but we don't flatter them. They flatter you, however, ¹¹ by telling you that you ¹² pronounce well. It is all the same to me. You are angry with them, are you not? No, indeed, ¹³ least of all about such a ¹⁴ trifle. Although I ¹⁵ practise every day, and ¹⁶ try all I can, I ¹⁷ make no progress; I cannot account for it, for the life of me. The gentleman whose book you ¹⁸ borrowed is come to see you. Who's there? what do you want? ¹⁹ Sit down. I will talk to you ²⁰ when I have done writing. Those two young persons are said to be ²¹ related to each other. I dare say it is true. The people in this ²² village are ²³ very like one another. Yes; perhaps it is because they are all dressed alike. This is ²⁴ like my own ²⁵ gun.

¹ Onster. ² Lyder. ³ Blomster, et; pl. id. ⁴ Borer. ⁵ Have, n; pl. r. ⁶ Løber mig ind. ⁷ Lægge or sætte. ⁸ Nabo, en; pl. er. ⁹ Høre til. ¹⁰ Vær saa god. ¹¹ Med at sige. ¹² Udtale. ¹³ Allermindste. ¹⁴ Bagatel, en; pl. ler. ¹⁵ Pleier, practiserer. ¹⁶ Stræber mig. ¹⁷ Forbedrer mig. ¹⁸ Laante. ¹⁹ Sid ned. ²⁰ Naar jeg bliver færdig med at skrive. ²¹ Blive Slægtninge. ²² By, en; pl. er. ²³ Liig. ²⁴ Ligner, resembles. ²⁵ Bøsse, en; pl. r.

CHAPTER VIII.

VERBS.

The verb is conjugated chiefly by means of auxiliaries. There are, however, the following inflections:—

The indicative mood, present and past.
The optative, the same for all tenses.
The imperative, the same for all tenses.
The infinitive, the same for all tenses.
The participle, present active and past passive.

The passive voice is marked by the termination es, and is the same for all moods, tenses, numbers, and persons, except the past indicative and participle.

There are three conjugations, according to the variation of inflection, in the past indic. and past particip.

1. Where the past indic. and past part. are both regular.
2. Where the past indic. is irregular.
3. Where the past indic. and past part. are both irregular.

The first, or regular conjugation, ends the past indic. in de, te.

Present.	Past.	Part. pass.
jeg klager, I complain	klagede	klaget
brænder, burn	brændte	brændt
følger, follow	fulgde	fulgt

The second is monosyllabic in the past, but preserves the root vowel in the past part.

beder, pray	bad	bedet
faaer, get	fik	faaet
lader, let	lod	ladet

The third conjugation is monosyllabic in the past, but changes the root vowel in both past and part.

	Present.	Past. Sing.	Past. Plur.	Past particip.
	flipper, escape	flap	fluppe	fluppet, en
	river, tear	rev	reve	revet, en
	byder, invite	bød	bude	budet, en

OBS. The irregular conjugations differ from the regular in distinguishing the plural from the singular in the indicative past, as jeg gav, vi gave, han heb, de hebe.

FIRST CONJUGATION.

Ex. jeg elsker, I love   jeg hører, I hear   jeg lægger, I lay

Active Voice.

Indicative Mood.

Pres.Sing.	jeg, du, han	elsker, love	hører, hear	lægger, lay
Plur.	vi, i, de	elske	høre	lægge
Past Sing.		elskede, loved	hørte, heard	lagde, laid
Plur.		elskede	hørte	lagde

Optative Mood.

Present singular.
jeg, du, han elske might love, høre might hear, lægge might lay,

Present Plural.
vi, i, de elske   høre   lægge

Imperative Mood.

Pres. Sing. 2nd pers.	elsk (du), love	hør, hear	læg, lay
Plur. 2nd pers.	elsker (J)	hører	lægger

Derived forms.

Infinitive
(at) elske, to love   (at) høre, to hear   (at) lægge, to lay

Participle.
elskende, loving   hørende, hearing   læggende, laying

Passive Voice.

Indicative Mood.
Present.
jeg, vi, &c. elſkes, am, are loved   høres, am, are heard
lægges, am, are laid

Past.
jeg, vi elſkedes, was loved   hørtes, was heard   lagdes, was laid

Optative or Imperative Mood.
Pres. elſkes, be loved   høres, be heard   lægges, be laid

Derived forms.
Infinitive.
(at) elſkes, to be loved   (at) høres, to be heard
(at) lægges, to be laid

Particip. Sing. elſket, loved   hørt, heard   lagt, laid
         Plur. elſkede   hørte   ·   lagte

OBS. Some verbs of this class, in which the first syllable ends in l, n, r, following one or more consonants, preserve the e final in the imperative, as handle ſom du vil behandles, do as you would be done by.

The final e of the infinitive when preceded by a vowel is mute.

EXERCISE ON VERBS OF THE FIRST CONJUGATION.

Conjugate: venter, expect; henter, fetch; boer, dwell; forandrer, alter; troer, believe; nærer, nourish; tænker, think; taber, lose; lærer, learn; vælger, choose; ſiger, say; bringer, bring; ſpørger, ask.

SECOND CONJUGATION.

jeg giver, give   faaer[1], get   drager, draw

Active Voice.
Indicative Mood.

Pres.	Sing.	giver	faaer	drager
	Plur.	give	faae	drage
Past	Sing.	gav	fik	drog
	Plur.	gave	fik	droge

[1] The e is mute, some write faar, faa, faas.

Optative Mood.

Pres. give   faae   brage

Imperative Mood.

Pres. Sing. 2nd per. giv (du)   faa   brag
       Plur. 2nd per. giver (I)   faaer   brager

Derived forms.

Infinitive. (at) give   (at) faae   (at) brage
Participle. givende   (faaende)   bragende

Passive Voice.

Indicative Mood.

Pres. gives   faaes   brages
Past. gaves   (fikkes)   broges

Optative or Imperative Mood.

Pres. gives   faaes   brages

Derived forms.

Infinitive. (at) gives   (at faaes)   (at) brages
Part. Sing. givet=en   faaet   braget=en
       Plur. givne   faaede   bragne

Exercise on the Second Conjugation.

Conjugate: beder, bid; gjælder, am worth; falder, fall; tier, am silent; ligger, lie; bærer, bear; gaaer, go; heder, am called; lader, let; tager, take; leer, laugh; sover, sleep; kommer, come; forstaaer, understand.

Third Conjugation.

jeg finder, I find   driver, drive   skyder, shoot

Active Voice.

Indicative Mood.

Pres. Sing.	finder	driver	fnyder
Plur.	finde	drive	fnyde
Past Sing.	fandt	drev	fkød
	fandt (funde)	dreve	fkøde

Optative Mood.

Pres. finde drive fnyde

Imperative Mood.

Pres. Sing. 2nd pers.	find	driv	fnyd
Plur. 2nd pers.	finder	driver	fnyder

Derived forms.

Infin. *(at) finde (at) drive (at) fnyde
finbende drivende fnydende

Passive Voice.

Indicative Mood.

Pres.	findes	drives	fnydes
Past	fandtes	dreves	fkødes

Imperative or Optative Mood.

Pres. findes drives fnydes

Derived forms.

Infin.	*(at) findes	(at) drives	(at) fnydes
Part. Sing.	fundet, en	drevet, en	fkudt
	fundne	drevne	fkudte

* At is the sign of the infinitive = English *to*.

EXERCISE ON THE THIRD CONJUGATION.

Conjugate: drikker, drink; springer, jump; slipper, escape; hjælper, help; treffer, hit; sliber, grind; bliver, become; striver, write; løber, run; ryger, smoke; fryser, freeze.

Være, to be.

	Indicative.	Optative.	Infinitive.
Pres. Sing.	er	være!	(at) være
Plur.	ere		
		Imperat.	Particip.
Past Sing.	var	s. vær	pres. værende
Plur.	vare	p. værer	past været

Jeg (haver) har, I have.

Active Voice.

	Indicative.	Optative.	Infinitive.
Pres. Sing.	har	have	(at) have
Plur.	have		
		Imperat.	Particip.
Past.	havde	sing. hav, pl. haver	havende

Passive Voice.

	Indicat.	Imperat. and Optat.	Infin.	Particip.
Pres.	haves			
Past.	havdes	haves	(at) haves	haft

List of irregular and auxiliary verbs most commonly in use.

Sing.	Plur.	Past.	Particip.	Infinitive.
gjør	gjøre	gjorde	gjort	(at) gjøre, to do
tør	tør	turde	turdt	turde, to dare
bør	bør	burde	burdet	burde, ought
maa	maae	maatte	maattet	maatte, must
kan	kunne	kunde	kunnet	kunne, can
skal	skulle	skulde	skullet	skulle, shall
vil	ville	vilde	villet	ville, will
veed	vide	vidste	vidst	vide, know

Auxiliary Verbs.

Besides the auxiliaries common to the English verb, the Norwegians use faar and bliver; as naar han fik Bogen læst, indicatively, or da han fik, &c. subjunctively, when he had got the book read; Bogen blev fundet, the book was found.

Skal and vil, possessing each a past part. and infin., are more extensively used than the corresponding words in English, and sometimes assume a peculiar meaning; thus, han har villet sige mig, he intended to tell me; det skal have været besluttet, it is said to have been determined.

GENERAL REMARKS ON THE VERBS.

In the consequent clause of a conditional sentence the nominative case is put after the verb.

The present tense is often used for the future; han reiser imorgen, he starts to-morrow.

Where in English the present part. is used as a gerund, the Norwegian always employs some other locution; as, on coming into the church, I saw Peter, i det jeg traadte ind i Kirken, saa jeg Peder; the king being on a hunting excursion, da Kongen var paa Jagt; in counting the money, I found three dollars, ved at tale Pengene fandte jeg tre Specie; I have done writing, jeg er færdig med at skrive.

Some few verbs are deponent; as længes, længtes, long for; synes, syntes, har syntes, think, deem. The original meaning of synes was probably, seem, appear.

Sometimes the passive is used as a middle reciprocal; as, vi sees igjen imorgen, we shall see each other again to-morrow.

List of verbs with their inflections marked.

1. Conjugation.

	Present.		Past.	Past passive.
	Sing.	Plur.		
accustom	vænner		vande	vant
approach	*naar	naa	naaede	naaet
awake	vækker		vakte	vakt
ask	spørger		spurgde	spurgt
believe	*tror	tro	troede	troet
bring	bringer		bragde	bragt

	Present.		Past.	Past passive.
	Sing.	Plur.		
call	kalder		kaldte	kalt
choose	vælger		valgde	valgt
cleave	fløkker		flakte	flakt
conceal	bølger		bulgde	bulgt
count	tæller		talde	talt
die	døe	dø	døde	døet
dwell	*bor	bo	boede	boet
expect	venter		ventede	ventet
fetch	henter		hentede	hentet
flee	*flyer	fly	flyede	flyet
happen	*skeer	skee	skjede	skjet
intend	agter		agtede	agtet
know	kjender		kjendte	kjendt
learn	lærer		lærte	lært
lose	taber		tabte	tabt
reach	rækker		rakte	rakt
say	siger		sagde	sagt
sell	sælger		solgte	solgt
set	sætter		satte	sat
show	*ter	te	teede	teet
shun	*skyer	sky	skyede	skyet
smear	smører		smurde	smurt
snow	*sner	sne	sneede	sneet
sow	*saaer	saa	saaede	saaet
speak	taler		talte or talede	talt
stretch	strækker		strakte	strakt
strew	strør	strø	strøede	strøet
suffocate	kvæler		kvalde	kvalt
teach	lærer		lærte	lært
think	tænker		tænkte	tænkt
tread	træder		traadte	traadt
turn	vender		vendte	vendt
wait	bier	bie	biede	biet
work	arbeider		arbeidede	arbeidet

* Commonly spelt naaer, naae, troer, troe, &c., but the e is mute in pronunciation; and so with flaaer, &c., infra.

Second Conjugation.

	Present.	Past.	Past Part.
bear	bærer	bar, e	baaret, en, ne
beat	slaar	slog, e	slaaet, be
beg	beber	bab, e	bebet, bebte
called, am	heber	heb	hebt
chase	jager	jog, e	jaget, be
clap	smækker	smak	smækket, be
come	kommer	kom	kommet, en, ne
cut	skjærer	skjar, e	skjaaret, en, ne
dig	græver	grov, e (gravebe)	gravet, be
eat (of beasts)	æber	aab	æbt, e
experience	erfarer	erfoer, e (erfarebe)	erfaret, en, ne
go (generally on foot)	gaar	gik	gaaet
go	farer	foer, fore	faret, en, ne
hang	hænger	hang	hængte
hew	hugger	hug	hugget, be
keep	holber	holbt	holbt, e
laugh	leer	lo	leet
let	laber	lob, e	labet, labt, e
lie	ligger	laa	ligget, be
like	giber	gab, e	gibet (gibt)
see	seer	saa	seet, e
silent, am	tier	tav	tiet
sit	sibber	sab, e	sibbet
sleep	sover	sovet	sovet
sound	klinger	klang	klinget
steal	stjæler	stjat, e	stjaalet, en, ne
stand	staaer	stob, e	staaet
swear	sværger	svor, e	svoret, en, ne
take	tager	tog, e	toget, en, ne
tremble	skjælver	skjalv	skjælvet
weave	væver	vov, e (vævebe)	vævet, be
weep	græber	græb	græbt
worth (be)	gjælber	gjalbt	gjælbt

Third Conjugation.

	Present.	Past.	Past Part.
bind	binder	bandt (bunde)	bundet, en, ne
bite	bider	bed, e	bidet, e
become	bliver	blev, e	blevet, en, ne
betray	sviger	sveg, e	sveget, en, ne
burst	spræffer	sprak (sprukke)	sprukket, en, ne
	brister	brast (bruste)	brustet, en, ne
break	brækker	brak	brukket, en, ne
bid	byder	bød, e	budet, en, ne; budt
cheat	snyder	snød, e	snydt, e
climb	stiger	steg, e	steget, en, ne
compel	tvinger	tvang (tvunge)	tvunget, en, ne
creep	kryber	krøb, e	krøbet, en, ne
cry	skriger	skreg, e	skreget, en, ne
drink	drikker	drak (drukke)	drukket, en, ne
enjoy	nyder	nød, e	nydt, e
escape	slipper	slap (sluppe)	sluppet, en, ne
fight	strider	stred, e	stridt (stredet)
fly	flyver	fløj	fløjet, en, ne
flow	flyder	fløb, e	flydt, e
freeze	fryser	frøs, e	frusset, en, ne
glide	glider	gled, e	gledet, en, ne
grind	sliber	sleb, e	slebet, en, ne
hit	træffer	traf (truffe)	truffet, en, ne
help	hjælper	hjalp (hjulpe)	hjulpet, en, ne
leap	springer	sprang (sprunge)	sprunget, en, ne
lie	lyver	løj	løjet
obey	lyder	lød, e	lydt, e
perceive	fornemmer	fornam (numme)	fornummet, en
pinch	kniber	kneb, e	knebet, en, ne
pull	trækker	trak (trukke)	trukket, en, ne
repent	fortryder	fortrød, e	fortrudt, e
ride	rider	red, e	(ridt) redet, en, ne
rub	gnider	gned, e	gnedet, en, ne
run	løber	løb, e	løbet, en, ne
seize	griber	greb, e	grebet, en, ne

	Present.	Past.	Past Part.
sing	finger	sang (sunge)	sunget, en, ne
sink	synker	sank (sunke)	sunket, en, ne
smoke	ryger	røg, e	røget, ede
sneeze	nyser	nøs	nyst
spin	spinder	spandt (spunde)	spundet, en, ne
step	triner	treen	trint, e
sting	stikker	stak (stunge)	stukket, en, ne
suffer	lider	leb, e	libt, e
tear	sliber	sleb, e	slibt, e
vanish	svinder	svandt (svunde)	svundet, en, ne
win	vinder	vandt (vunde)	vundet, en, ne
write	skriver	skrev, e	skrevet, en, ne
whine	hviner	hveen	hvint
yield	viger	veg, e	veget, en, ne

Exercise on the Verbs.

Translate into English—

Det skal være blevet omtalt. Det skulde have blevet gjort. Det skulde have været gjort. Han vilde have sagt. Det vilde være blevet fundet. Du faaer at sige mig. Du er kommen [1] for silde. [2] Hvad behager dokker? Det skal skrives. Det skal blive gjort. Naar De har drukket et Glas Viin, vil jeg byde Dem lidt Kafe. Det blev vildere og vildere jo dybere vi [3] trængte ind i Skoven. Hvis De ikke vil troe mig kan jeg ikke [4] gjøre ved det. Jeg fik det at vide [5] ved ham. Sees vi i Aften? Da [6] Freden var sluttet reiste han udenlands. Hvad synes De om denne Forretning. Imidlertid laa den Fremmede [7] paa Luur med Øret, og hørte [8] tydelig følgende [9] Anslag: Manden skulde først gaae op paa Loftet, give ham et Slag i Hovedet, og kaste ham ud af Vinduet. Konen blev [10] hæftet og fik sin [11] fortjente Løn. Da den Unge [12] Maler var kommen ud af Staden Albanos [13] snævre Gader, og havde naaet Søens høje Kyst, drejede han om til Venstre gjennem den herlige Alle, som fører til Castel=Gandolfo. Efterat have [14] tilfredsstillet vor Appetit og faaet vore Piber tændte, stige vi Vognen og rulle derfra. Eller [15] var det ikke saaledes [16] Tilfældet med dig, men Glæden og ungdomsfrisk [17] Be=

geiftring ¹⁸ lebfagebe big, paa Beien, og fom bu herub for at føge ¹⁹ Befraftelfe paa bin Glæbe, bin ²⁰ Forventning ffuffebe big iffe; thi i benne Stund har bu Glæben ²² forflaret i en høiere Op= fattelfe.

¹ Too late. ² What's your pleasure? ³ Press. ⁴ Help it. ⁵ By means of. ⁶ Peace was declared. ⁷ On the watch, listening. ⁸ Plainly. ⁹ Project. ¹⁰ Arrested. ¹¹ A merited recompense. ¹² Painter. ¹³ Narrow. ¹⁴ Satisfied. ¹⁵ If it were not, *conditional, shown by the position and order of the words.* ¹⁶ The case. ¹⁷ Enthusiasm. ¹⁸ Guided, led. ¹⁹ Confirmation. ²⁰ Expectancy. ²¹ Disappoint. ²² Transformed.

Translate into Norse—

I have finished reading the newspaper. As soon as I have got this lesson learnt, I will come to you. When the ship had gone, I ¹ remembered the letter. If you will ² lend me that book, I shall be ³ obliged to you. Since the book was only lent, I was bound to return it. He is supposed to be a very rich man. It was thought he was going to ⁴ marry her. We shall see each other again to-morrow, ⁵ although we are obliged to ⁶ part now. Do you know the captain? I know him ⁷ by sight. He knows nothing at all of Norwegian. When he has been in Norway six weeks, of ⁸ course he will know more. He was said ⁹ to talk French very well. They resolved that the servant should be dismissed instantly. I am not ¹⁰ fond of travelling with an interpreter, they cost so much, and help so little. He was thought to have been forced to leave the country, because he had broken the law. So I am told. I should like to have been there when the queen landed; people said one ought not to have missed such a spectacle. Waiter, when shall we be able to get something to eat? The ¹¹ ordinary meals are, breakfast at nine, dinner at two, and tea at seven. Indeed, that is a long time to wait; can't you get me something to drink in the meantime? Yes, sir, ¹²any thing you like, porter, Bayersk ale, and most kinds of wine. Bring me a half-bottle of ale and a [13] corkscrew. You need not open it now. If you have any good cigars, bring me a couple to [14] try. Under these [15] favourable circumstances, I hope we shall reach Drontheim [16] in about seven hours.

[1] Huske. [2] Laane. [3] Forbunden. [4] Gifte fig. [5] Endskjønt. [6] Forlades. [7] Af Udvortes. [8] Jo. [9] snakke. [10] Jeg har ingen Lyst at. [11] Ordentlige Maaltider. [12] Hvadsomhelst. [13] Proptrækker. [14] At probere. [15] Saa gunstige Omstændigheder haaber jeg. [14] Paa omtrent.

CHAPTER IX.

THE PARTICLES.

Adverbs.

Adjectives may be used as adverbs without any change of termination in either the common or the neuter gender; e. g. tal høit, speak loud; hjærtelig gjerne, with all my heart.

The following are the primitive adverbs in most general use: hjemme, at home; borte, away; frem, forth; næppe, scarcely; kun, only; ilde, ill; vel, well; tidt, often; altid, always; aldrig, never; heller, rather; ganske, quite; netop, just; endnu, yet; nok, enough; slet, quite, *affirmando*, at all; ret, quite, *negando*, at all (as, slet intet, nothing at all), very; hen, hence; hid, hither; did, thither; tilfreds, content.

Prepositions.

Prepositions in Norse generally govern the accusative case; as hos os, in our house. In some phrases they are found with the genitive; as i Søndags, last Sunday; igaar Aftes, yesterday evening.

They are extensively used in composition with verbs; but are frequently disjoined from their verb and placed last in the sentence, as in German: thus, luk Døren op, unlock the door.

The following are the principal prepositions:—

ab, to, towards, at.
af, of, off.
an, on (mostly in comp.).
at, to (sign of the infinitive).
bag, behind.
efter, after.
for, before, for, too (preposition, adverb, and conjunction).
fra, from.
gjennem, through.
i, in; ud, out.
med, with; ved, by.
ned, down; op, up.
imod, against.
iblandt, amongst.
hos, at, *apud;* French, *chez*.
paa, upon; til, to.
over, across; om, around.

All these prepositions and many adverbs are compounded with the adverb der, and so become adverbs, instead of prepositions governing the appropriate pronoun: thus, deraf, of it, thereof; derover, on that account; deriblandt, among them.

Conjunctions.

As there is no subjunctive mood distinguished by inflection in the Norse language, nothing is required to be said concerning the syntax of conjunctions.

The following is a list of the most common:—

baade—og, both—and.
da—saa, if—in that case.
hverken—eller, neither—nor.
enten—eller, either—or.
saa vel som, as well as.
ikke alene—men ogsaa, not only—but also.
jo mere desto bedre, the more the better.
*hvis, da ⎫
dersom ⎭ if.

(* An hypothetical sentence may be constructed in Norse without using the conjunction *if*; as, Kun havde jeg penge vilde jeg kiøbe det, I would buy it if I had money.)

dog, however.   men, but.   om, whether.   eller, or.

vel ikke—men dog ⎫
                ⎬ not indeed—but nevertheless.
      men vel ⎭

skjønt—saa dog ikke, although—still not.

end, than, ever = Lat. *cunque*.   hvor=end, however.

Exercise on the Particles.

Translate into English—

Lise en fattig forældreløs Pige og Præstens sertenaarige [1]Barne=pige, [2]omhyggeligen opdraget i hans Huus, og med et [3]rigt nydeligt Ansigt, vilde i Dag som hver Dag, siden [4]Foraaret begyndte, vandre paa den venlige Fodsti forbi [5]Møllen til sin [6]Husbondes Jordlod, da Møllersvenden Ludvig, den rige Møllers muntre Søn, stak Hovedet ud igjennem [7]Møllehullet, og [8]raabte spøgende; "Ah Lise, skjøn Lise!" Halv uvillig og halv venlig [9]blev hun rødmende staaende og spurgde: "Nu, hvad er der da igjen?"

Ludvig. Som jeg sagde dig igaar, skjøn Lise, har du ikke Lyst til at gifte dig?

Lise. Skjøn Ludvig! naar [10]han kun vil [11]ærgre mig, saa lad mig heller gaae min Vei i Ro.

Disse Ord sagde hun ganske [12]mut, i det hun vendte sig bort.

Ludvig. Men [13]hulde Lise, du skal [14]jo ikke gifte dig med mig! Jeg veed vel en Møller er for lidt for dig.

Lise. Som [15]Kommissionær vil jeg slet ikke [16]have med ham at bestille. Adjø!

Ludvig. [17]Altsaa dog heller som [18]Frier? O Lise Mølle=hullet er [19]desværre for lidet, men kunde jeg komme igjennem, saa styrtede jeg strax i dine Arme. Hør [20]engang—husker du [21]vel endnu, for fire, fem Aar siden? Du vilde dengang endnu ikke gjælde for en voxen Jomfru— da gav du mig [22]vel endog et Kys, naar jeg om Søndagen tog dig paa [23]Skjødet, og gav dig en Peberkage. Nu har [24]vistelig Herr Pastoren forbudet dig det; ikke sandt, han [25]præker daglig for dig?

Lise. Ikke sandt, han havde nu Ret, til at prække: "Lise begiv dig til dit Arbeide, og lad ikke Mølleren [26]have dig til bedste?"

Lise var nu virkelig i [27]Begreb med at gaae, [28]hvor gjerne hun end gab høre den ²⁹ overmodige, men ellers brave Ynglings Spøg, da denne ³⁰ endnu engang raabte: „Lise skjøn Lise!" Og se! Lise vendte sig ³¹ rigtig nok endnu engang om og lo.

¹ Nursery-maid. ² Carefully brought up. ³ Very pretty face. ⁴ Spring. ⁵ The mill. ⁶ Her master's field. ⁷ Hole in the mill. ⁸ Cried out in fun. ⁹ Stood still blushing. ¹⁰ He, for you (see ch. vii. on the pronouns). ¹¹ Annoy. ¹² Pouting. ¹³ Lovely. ¹⁴ Nobody asked you to marry me. ¹⁵ Ambassador. ¹⁶ Have nothing to do with. ¹⁷ Therefore the rather. ¹⁸ Suitor. ¹⁹ So much the worse for me. ²⁰ Just once. ²¹ Vel implies, "am I right in saying that," &c. ²² You would even give me. ²³ Lap. ²⁴ Surely. ²⁵ Prædiker, preaches. ²⁶ Make a fool of you. ²⁷ On the point of going. ²⁸ However gladly. ²⁹ Presumptuous. ³⁰ Once more. ³¹ Sure enough.

Translate into Norse—

If the weather was fair, I would rather travel by sea than by land, however long the ¹ distance. This horse is quite as old as the other; however, I think it is quite good enough, don't you? I did not see the ² landlord either yesterday or this morning; he is gone away from home, isn't he? Provided it does not rain, we will ride on horseback, therefore the sooner we set out the better. If we take carrioles, it will be necessary to send on a forbud one day before starting ourselves. We can ³ change horses at the next station, and get the harness ⁴ mended. The ⁵ shaft is broken; is there any one here who can repair it? How much do you ask for the ⁶ job? I could have done it for less myself, if I had had some ⁷ cord. ⁸ I was so cold when I came in ⁹ from shooting that I shivered all over. I have been up there, across the river, around the wood, and thence I came down the other side of the hill. My shoes ¹⁰ pinch me. Can you tell me where the shoemaker lives? Make me a pair of boots; but you had ¹¹ better take my measure,

[12] for fear they should pinch at the [13] instep. What, will you leave us already? You are but just come. [14] Pray stop a little longer. You will, at any rate, stay a few minutes [15] with me. If it was not time to go home to dinner, I should be delighted to remain with you. You have received the letter, [16] I hope. If you are not in too great a [17] hurry, you will have a good [18] opportunity to return to England the [19] beginning of next week. The [20] fare is ten dollars; and if you [21] arrange with the steward [22] at once, you will have your [23] share of the regular meals for three dollars more, [24] irrespective of the length of the passage. Besides this, however, you will have to pay the steward's [25] fee, you know.

[1] Touren. [2] Gjestgiveren. [3] Stifte. [4] Istandsætte. [5] Drætter, Sjæker. [6] Arbeidet. [7] Snor, en. [8] Jeg frøs. [9] Efterat gaae paa Jagt. [10] Klemme; gjøre ondt. [11] Gior De bedst i at tage Maal af mig. [12] For at de ikke skal klemme. [13] Bristet. [14] Kjære! [15] Hos. [16] Dog or jo. [17] Har ikke altfor stor Hast. [18] Leilighed. [19] Begyndelsen. [20] Priis, Betaling. [21] Træffer Aftale. [22] Med eet. [23] Deel. [24] Uden Henfyn til hvorlænge Reifen varer. [25] Honorar til Restaurateuren.

LIST OF USEFUL PHRASES AND IDIOMATIC EXPRESSIONS.

A month. Ten dollars a month, ti Daler om Maaneden.
Accompany. May I accompany you? maa jeg følge med? Will you be one of the party? vil De være med?
About. What is he about? hvor bleber han af?
Announce. To be announced, send in one's name, labe sig melde.
Again. As large again, nok engang saa stor.

Able. I have not been able to find an opportunity of telling him, jeg har ikke kunnet komme til at sige ham det.
Alone. To leave one alone, lade een være ene.
Abide. I can't abide him for the life of me, jeg kan for min Død ikke udstaae ham.
Active. To be a good or active walker, være rask til Fods.
Account for. I can't account for it, jeg kan ikke forklare mig det.
All the same. Its all one to me, det er mig lige kjært.
Bad. That's too bad, det gaaer alt for galt.
Boil. Don't boil them hard, De maa ikke haardkoge dem.
Better. The sooner the better, jo før jo heller.
Blockhead. Dumt Fæ.
Become. What's become of him? hvor er han bleven af?
Bone to pick. I gave him a —, jeg gav ham noget at bide paa.
Breeze. When there's a light breeze on the water, naar der lufter lidt paa Vandet.
Bottom. There's something at the bottom of it, der ligger noget derunder.
Business. Its no business of mine, det kommer mig ikke ved.
By way. I go to London by way of Paris, at reise over Paris til London.
Change. To change one's mind, blive anderledes til Sinds, also at verle, at skifte.
Comb. To comb one's hair, at rede sit Haar.
Could. I could do it when I was younger, jeg har kunnet giøre det da jeg var yngere.
Convenience. You can do it at your convenience, De kan gjøre det naar De har Leilighed.
Custom. 'Tis not the custom in this country, det bruges ikke her til Lands.
Complete. He got a complete soaking, han blev dygtig vaad.
Course. That's a matter of course, det følger af sig selv; det forstaaer sig selv.

Cold. I sat on the carriole starving with cold, jeg sad og frøs paa Carjolen.

Catch. Old birds are not easy to catch, gammel Fugl er ei let at fange.

Call. What do you call that? hvad heder det?

Cock. To cock a gun, at spænde Hanen paa et Gevær.

Clumsy. Clumsy fellow, Klat=finger.

Chance. We must take our chance, vi maae lade det komme an derpaa.

Do with. That has nothing to do with the matter, det hører ikke til Sagen. Not to know what to do with oneself, at være forlegen med sig selv.

Down. To light one down stairs, at lyse een ned ad Trapperne.

Drink. Give me a drink of water to quench my thirst, giv mig en Drik Vand at læske mig paa.

Devil. There's the devil to pay now, nu er Fanden løs.

Door. To shut a door, lukke en Dør af.

Dare. I dare say, det troer jeg gjerne. She wanted to dance, but dared not for her mother, hun vilde dandse men hun maatte, ikke for Moderen.

Deep. Still water runs deep, det stille Vand har den dybe Grund.

Dress. To undress, At klæde sig af.

Drive. Drive on! kjør til!

Escape. He had a narrow escape, med Nød og næppe slap han derfra.

Fault. That's not my fault, det er ikke min Skyld.

Fire. To light a fire in a stove, lægge Ild i Ovnen. To set on fire, stikke i Brand. There's a fire in the stove, det brænder i Ovnen. To light the fire, tænde Ilden. To put out the fire, slukke Ilden.

Fallen out. They have fallen out, der er kommet dem noget imellem.

Far from. It is far from being so bad, det er langt fra ikke saa slet.

Fished out. I fished out of him where he was going, jeg fik lokket ud af ham hvor han vilde hen.

Fidget. At bimre.
Fig. A fig for him and his money, jeg blæser ab ham ag hans Penge.
Forget. Glemme. I forget what I was going to say, jeg er kommen fra det jeg vilde sige.
Gift. Gave. To have the gift of gab, at have et godt Snakketøi.
Gun. The gun went off, Bøssen gik af.
Good. That's good for the headache, det hjælper imod Hovedpine. I gave him as good as he brought, jeg gav ham det ligesaa godt igjen.
Humbug. To humbug one, at føre een bag Lyset.
Hark! Hark! Lyt!
Helm-a-lee! Helm-a-lee! Røret i Læ!
Heavy. Feel how heavy the fish is, føft paa Fisken hvor tung den er.
Help. I couldn't help laughing, jeg maatte lee.
Hold. Hold your tongue, hold Mund.
Have made. To have a coat made, lade sig gjøre en Kjole.
Habit. He is in the habit of washing his head every morning, han bruger at vadske Hovedet hver Morgen.
Hand. One bird in hand is worth two in a bush, een Fugl i Haanden er bedre end to i Luften.
Happen. Happen what may, det maa gaae som det vil.
Hurry. There is no hurry, det haster ikke. Why are you in such a hurry? hvorfor har De saadan Hast?
Heart. With all my heart, af mit ganske Hjerte.
In. In German, paa Tydsk.
Invite. To invite one to dinner, at bede een til Middag.
Jump. To jump over a ditch, at springe over en Grøft.
Just. Just as I was going to fire, ret som jeg vilde til at skyde.
Journey. A pleasant journey to you, lykkelig reise. Lykke paa Reisen (ironical).
Keep. Give me the smaller piece, and keep you the other, giv mig det mindste Stykke, og behold du det Andet.
Look like. It bids fair to be a good season, det seer ud til at blive et godt Aar.

Like to. I should like to know, jeg vilde gjerne vide.
Loaded. Loaded with ball or shot (of a gun), Skarp=ladet.
Lost. I've lost all desire for it, jeg har tabt Lysten dertil. I've lost the book, Bogen er mig frakommen.
Loss. At a loss what to do, forlegen med sig selv.
Light. To light one down stairs, lyse een ned ad Trap=perne.
Late. Late in the day, langt op paa Dagen. Sooner or later, før eller silbigere.
Live. He lives by his trade, han lever af sin Profession.
Life. For the life of me, for min Død.
Liberty. I take the liberty to, jeg tager mig den Frihed at.
Mean. What does he mean by that? hvad vil han sige dermed?
Mind. To speak one's mind plainly, sige sin Mening reent ud.
Matter. What's the matter? hvad er der paa Færde? What's the matter here, I wonder? hvad mon her gaaer for sig? That makes no matter, det gjør intet til Sagen. That has nothing to do with the matter, det hører ei til Sagen.
Morrow. To-morrow, imorgen. Morning, tidlig. At ten o'clock in the morning, Klokken ti om Formid=dagen.
Now. Now directly, nu strax! Ret nu.
Nearly. It is very nearly as good as English work, det kommer engelsk Arbeide meget nær.
Next. He lives next door, han boer i næste Huus.
Never. I shall never see him again, jeg seer ham aldrig meer.
Needful. That is not required, det gjøres ikke nødig.
Nothing. To come to nothing, blive til intet.
No. There's no knowing, man kan ikke vide det. No, certainly not, nei vist ikke. By no means, aldeles ikke.
On. The mail arrives on Mondays and Saturdays, Posten kommer om Mandagen og Løverdagen.

E

Only. Only hear now what I've got to say, faa her dog hvad jeg vil sige. He only came half an hour ago, han kom først for en halv Time siden.

Overtake. To overtake one running, løbe een ind.

Obliged. I was obliged to walk, jeg maatte gaae.

Or. He may stay or go for aught I care, for mig maa han blive eller reise ligesom han vil.

Open. Leave the door open, lad Døren staae aaben.

Own. He won't own that he has written, han vil ikke være bekjendt at han har skrevet.

Of. What time of day is it? hvad Tid er det paa Dagen?

Other. The other day, forgangen Dag.

Opinion. In my humble opinion, efter min ringe Forstand.

Open. The open air, den frie Luft.

Objection. I have no objection to it, jeg har ikke noget imod det.

Pins. A paper of pins, et Brev Knappenaal.

Plenty. Put plenty of sugar in the pudding, kom dygtig Sukker i Buddingen.

Part. For the most part, for den største Deel.

Promise. To perform what one has promised, holde hvad man har lovet.

Put up. To put up at an inn, lægge sig ind paa et Værthuus.

Queer. It was a queer business, det gik underligt til med den Sag.

Right. To be in the right, at have Ret.

Reach. We reached the top of the mountain, vi naaede Toppen af Bjerget.

Reading. The girl's head is turned by reading novels, denne Pige er forskruet med Romanslæsning.

Remember. Remember me to him, hils ham fra mig.

Send. I sent him word by my servant, jeg lod ham sige ved min Tjener.

Sight. Sight of a gun, Sigtekorn.

Sooner. Pity he didn't come sooner, skade at han ikke kom før.

Shift. One may make shift with it at a pinch, til Nød kan man vel hjælpe sig dermed.
Shooting. To be out shooting, være paa Jagt.
Slip. The time slipped away in conversation, Tiden løb hen i Samtale.
Same. The same to you, i lige Maade.
Stream. To go down the stream, at seile nedad Floden.
Stay. To make a couple of days' stay, at ligge over et Par Dage.
Sensation. She made quite a sensation at the ball, hun gjorde megen Lykke paa Ballet.
Sharp. You needn't be so sharp upon one, De tør ikke være saa bidende.
Sit. To sit down to dinner, sætte sig til Bords.
Sit. To set on fire, stikke i Brand.
Spirits. To be out of spirits, være forstemt.
Starve. I sat there starving with cold, jeg sad der og frøs.
Slippery. Slippery walking, sir! glat at gaae!
To be. I was to have been there, jeg skulde have været der.
Throw. The horse threw his rider, Hesten slog Rytteren af.
Try. To try on a pair of shoes, at passe et Par Skoe.
Trial. To take on trial, tage paa Prøve.
To. To accompany on to the door, følge een lige til Døren.
Too. That is too bad, det gaaer altfor galt.
Wonder. I wonder if he's still alive, mon han lever endnu? Where does he live, I wonder, hvor mon han boer.
Wet. He got wet through, han blev dygtig vaad.
Walker. To be a good walker, være rask til Fods.
Up. It was given up, der blev ikke noget af.

MISCELLANEOUS EXERCISES.

Translate into English—

Der var engang en gammel Kone som havde en Søn, og da hun var meget ¹ussel og strøbelig, saa skulde Gutten Søn hendes til ²Stabburet for hende efter Meel til ³Middagsmad. Men da han kom ud paa ⁴Stabburstrappen, saa kom Nordenvinden ⁵fygende, tog Melet fra ham, og farer bort igjennem Luften med det. Gutten gik ⁶paa Nyt ind paa Stabburet efter mere, men da han kom ud paa Trappen, kom Nordenvinden igjen fygende, og tog Melet fra ham; og saaledes gik det den tredie Gang. Herover blev Gutten meget ⁷vred, og da han syntes at det var ⁸urimeligt at Nordenvinden skulde fare saaledes frem, tænkte han, han ⁹fik lede ham op og ¹⁰kræve Melet tilbage.

¹ Poor and infirm. ² Barn. ³ Midday meal, dinner. ⁴ Steps of the barn. ⁵ Drifting. ⁶ Afresh. ⁷ Angry. ⁸ Unreasonable. ⁹ Had better seek him out. ¹⁰ Demand, crave.

Translate into Norse—

So he ¹set out: but the way was long; and he walked, and walked, and ²at last he came to the North Wind. "Good day," said the boy, "³and glad to see you." "Good day," ⁴replied the North Wind—he had such a ⁵gruff voice—"glad to see *you*. What do you want?" he ⁶went on to say. "Oh," answered the boy, "I wanted to ask you, if you will be so good as to let me have that meal again, you took from me on the barn-steps, for we have but little; and if you go on in this way and take the ⁷bit we have, ⁸there's nothing left for it but ⁹starvation." "I have not any meal," said the North Wind; "but ¹⁰since you are so ¹¹badly off, you shall have a table-cloth, which ¹²will provide you all you can desire, if you ¹³only say, Cloth, ¹⁴spread yourself out, and be covered with all kinds of costly dishes."

¹ Lagde affted. ² Endelig. ³ Og Tak for Sidft (lit. "thanks for the last;" a common form of salutation among people who have met before). ⁴ Svarede. ⁵ Han var saa grov i Maalet. ⁶ Sagde han videre. ⁷ Gran, et. ⁸ Der bliver ikke andet end. ⁹ Sultihjel. ¹⁰ Siden. ¹¹ Nødig. ¹² Som ſkaffer dig. ¹³ Bare. ¹⁴ Brød.

Translate into English—

Hermed var Gutten vel ¹ fornøiet. Men da Veien var saa lang at han ikke kunde naae hjem om Dagen, gik han ind paa en Gjeſtgiver paa Veien, og da De ſom vare der, ſkulde til at ſpiſe til Aftens, han lagde Dugen paa et Bord ſom ſtod i Krogen, og ſagde, Dug, bred dig ud, og dæk op med alle Slags koſtelige Retter. ² Albrig før havde han ſagt det, ſaa ³ gjorde Dugen det, og alle ſyntes det var en ⁴ herlig Ting, men ⁵ iſær ⁶ Gjeſtgiverkonen. Da det derfor ⁷ led ud paa Natten, ſaa alle ſov, tog hun Guttens Dug, og lagde en anden i Stedet, ſom var akkurat ligedan ſom den han havde faaet af Nordenvinden, men der ikke kunde dække op med tørt Brød engang.

¹ Delighted. ² Scarcely, no sooner. ³ Observe the order, the nom. case follows the verb in the apodosis of a conditional sentence, vide p. 35, c. viii. ⁴ Splendid. ⁵ Especially. ⁶ The innkeeper's wife. ⁷ When it was now late on in the night.

Translate into Norse—

When the boy ¹ awoke, he took his cloth with him and went away. And that day he came home to his mother. "² Well," said he, "I've been ³ at the North Wind's; he was a ⁴ well-behaved man, for he gave me this cloth; and when I only say to ⁵ it, Cloth spread out, and be covered with all kinds of costly dishes, I get all the victuals I can wish for." "O yes, ⁶ I know all about that," said his mother, "but I won't believe it till I see it." The boy made haste, set out a table, laid the cloth upon it, and said, "Cloth spread out, and be covered with all kinds of costly dishes."

But the cloth wasn't even covered with so much as a ⁷ bit of bread.

¹ Vaagnede.　² Nu.　³ Hos.　⁴ Stikkelig.　⁵ Til den (masc. to agree with Dug).　⁶ Det veed jeg vist.　⁷ En Bid.

Translate into English—

Der bliver ikke andet ¹ Raad for, end at jeg faaer gaae til Nordvinden igjen da, sagde Gutten, og lagde afsted. Ud paa Eftermiddagen kom han did, hvor Nordenvinden boede. God ² Qveld, sagde Nordenvinden. Jeg vil nok have ³ Ret for Melet du tog fra mig, sagde Gutten, for den Dugen jeg fik ⁴ duede ikke noget. Jeg har ikke noget Meel, sagde Nordenvinden, men der har du en ⁵ Buk, som gjør bare Guldbukater naar du blot siger, min Buk, gjør Penge. Den syntes Gutten godt om.

¹ Counsel, plan, remedy.　² Evening.　³ Compensation. ⁴ Was good for nothing.　⁵ He goat.

Translate into Norse—

But since it was such a long way home that he could not get there that day, again he took up his quarters for the night at the innkeeper's. Before he ¹ called for any thing he tried the goat, to see if it was true that the North Wind had said, and it behaved very well. But when the innkeeper saw it, thought he, that's a capital goat; and as soon as the boy was fallen sound asleep he took another, which sure enough did not make gold ducats, and set it in the place. Next morning the boy went away. And when he came home to his mother he said, "The North Wind is a nice fellow for all that. This time he gave me a goat which can make gold ducats, when I merely say, Goat, make money." "I know all about that," said his mother; "that's all stuff, and I won't believe it before I see it." "Goat, make money," said the boy; but it was not money that the goat made. So he went to the North Wind again, and said that the goat was good for nothing, and that he would have compensation for the meal.

¹ Forlangte.   ² Ikke andet end Snak.

Translate into English—

Nei, nu har jeg ikke noget andet at give dig, sagde Nordenvinden, end den gamle Kjæppe som staaer i Kroget bort, men den er ¹ slig, at naar du siger, min Kjæp slaa paa, slaaer den ligeban som du siger, min Kjæp vær stille. Da Veien hjem var lang, gik Gutten den Aftenen ogsaa ind til Gjestgiveren. Men da han syntes halveis hvor det havde gaaet med Duggen og Bukken, lige bort lagde han sig til at ² snorke paa Bænken, og lad som om han sov. Gjestgiveren, der nok vel kunde tænke at Kjeppen ogsaa duede til noget ledte op een som lignede den, og vilde sætte den i Stedet, da han hørte at Gutten snorkede.

¹ Such.   ² To snore.

Translate into Norse—

But at the moment that the innkeeper was about to take it the boy shouted, "Cudgel, lay on!" The stick began to ¹ belabour the innkeeper, so that he hopped over table and bench and shouted and roared, "O ² Lord! O Lord! make the stick bide ³ quiet, or else he will beat me to death. You shall have both your goat and your tablecloth back again." When the boy thought the innkeeper had got enough, he said, "Cudgel, be quiet!" He then took and put the cloth in his ⁴ pocket, and the stick in his hand, ⁵ tied a string round the horns of the goat, and went home with all three. That was good compensation for the meal.

¹ Kjeppen til at banke (the word *began* is understood in the Norse; this construction is the same as the Latin infinitive in narrations). ² Herregud. ³ Rolig. ⁴ Lomme. ⁵ Bandt.

Translate into English—

¹ Ræven snyder Bjørnen for Julekosten.

Ræven og Bjørnen havde kjøbt sig en ² Smørquarteer tilsammen. Det skulde de have til Juul, og de ³ gjemte det derfor op under en tyk ⁴ Granbuske. Derpaa gik de et Stykke bort og lagde sig i en ⁵ Solbakke til at sove. Da de havde ligget en Stund, ⁶ reiste Ræven sig, og raabte „Ja,‟ og løb saa sin Vei lige hen til Smørquarteer, som han aad en god tredie Part af. Men da han kom igjen, og Bjørnen spurgdte, hvor han havde været, siden han var saa ⁷ fed om Flabben, sagde han, „Troer du ikke, jeg blev buden til Barsel da.‟ „Ja saa hvad hed Barnet?‟ spurgdte Bjørnen. „Begyndt paa,‟ sagde Ræven.

Dermed lagde de sig til at sove igjen. Om en liden Stund sprang Ræven ⁸ atter op og raabte „Ja,‟ og løb sin Vei ⁹ lige hen til Smørquarteeret. Dengang aad han ogsaa en god Slump. Da han kom tilbage, og Bjørnen igjen spurgte hvor han havde været, svarede han, „Aa—blev jeg ikke igjen buden til Barsel da, troer du?‟ „Hvad hed Barnet nu da?‟ sagde Bjørnen. „Halvædt,‟ svarede Ræven.

¹ How the fox cheated the bear out of his Christmas fare. ² Firkin of butter. ³ Laid up. ⁴ Pine bush. ⁵ Sunny bank. ⁶ Nose up. ⁷ Greasy about the chops. ⁸ Again. ⁹ Straight away.

Translate into Norse—

The bear thought that was an ¹ odd name; but he didn't ² wonder long about it, before he ³ yawned and went to sleep again. As soon as he had lain a little while, the same thing happened as on the two former occasions. The fox jumped up again, cried "Ja," and ran away to the butter-keg, which that time he ate up a lot of. When he came back, he had been to the christening again; and when the bear wished to know what the child was called, he replied, "⁴ Licked-to-the-bottom." With that they laid themselves down again to sleep, and lay a good while; but at length they ⁵ must needs go to see after the butter, and finding it eaten up, the bear ⁶ began to tax the fox with it, and the fox the bear. The one said that the other had been and gone to the butter-keg while he himself lay asleep. "Ya, ya," said ⁷ Reynard, "we shall soon get to know which of us two has stolen the butter. Now we'll lie down over there on the bank in the sun, and he who is greasiest at the end, when we awake, is the one who has stolen it." Well, the bear was willing to go in for the trial, and being conscious that he hadn't so much as tasted the butter, he lay down quite securely to sleep in the sun. Thereupon Reynard sneaked off to the keg for a morsel of butter that was still left in a crack, and then crept back to the bear, and smeared him on the end with it. This done, he lay down to sleep as if nothing had happened. By the time they both awoke the sun had melted the butter, and so it turned out that the one who had eaten the butter was the bear after all, so it was.

[1] Rar=t. [2] Unbrede sig. [3] Gispede. [4] Likket-i-Bunden. [5] Skulde be hen at. [6] Skyldte. [7] Mikkel.

Translate into English—

Fornebomark.

Enhver i Christiania Boende kjender vistnok Fornebo, dette smukke Landsted med sin vakkre [1] Beliggenhed ved Indseilingen til Hovedstaden, med sine [2] frodige [3] Enge og sin vidtløftige Skovmark. Mange have vist ogsaa ad Kjøreveien, der fører til Gaarden, reist igjennem den Byen nærmestliggende Deel af denne Skovmark og fundet sig tilfredsstillede ved [4] Omgivelserne. Men kun [5] Enkelte, der ikke have [6] skyet den ringe Umage at forlade den banede Kjørevei, for paa en af de mindre Veie, der fører igjennem Fornebomarken, at naae hen til de fjernere liggende Trakter i samme, vide, at der her gives Steder, der i Henseende til Natur=kjøndhed langt overgaae enhver anden Deel af Christianias [7] i og for sig rigt begavede Omegn, Steder, der bringe En, trods al Forskjellighed i Smagen, til uvilkaarlig at udbryde: „Her er det skjønt!"

Landskabets Charakteer er ikke storartet; det imponerer ikke ved høie Fjelde eller bratte [8] Styrtninger; men Vegetationen har smykket det med sin ⁹yppigste Dragt, og Land og Vand ¹⁰favne hinanden i gjensidig Forstaaelse af deres lykkelige ¹¹Forening. Stødende op mod den ¹²Bugt af Christianiafjorden, ved hvis Bund Sandvigen ligger, og hvori de smukke ¹³Der, man har kaldet Slæbene, ere grupperede, ¹⁴forgrener Fornebomarken sig i forskjellige, med meer eller mindre tæt Skov bevoxede Næs og Landtunger, mellem hvilke Søen trænger sig ind, ¹⁵dannende Bugter, der snart gjennem et bredere Indløb blive smalere ¹⁶efterhaanden som de nærme sig Bunden, snart igjennem en trang Indsnevring udgyde sig i et videre, mere afrundet Bassin. Hvor disse Smaabugter ¹⁷ophøre, begynde store Engsletter, der i deres nederste Ende ere bevoxede med høit ¹⁸Siv, et sikkert Skjulested for ¹⁹Vildænderne, der ²⁰Vaar og Høst her have deres stadige Tilhold. Strækkende sig videre opad mod og ind imellem Skoven ²¹frembyde disse Engsletter, i Forening med de dem omsluttende ²²Aasrygge af forskjellig Form og Høide, hiin Fuldendthed i ²³Afvexlingen af naturligt Vildnis og ²⁴opdyrket Mark, der giver Landskaber af denne blidere Charakteer den dem ²⁵eiendommelige maleriske ²⁶Ynde. Skoven er her tættere, end paa de længere ude beliggende Landtunger, paa mange Steder næsten uigjennemtrængelig, og ²⁷Naaletræernes friske men eensformige MørkeGrønne afbrydes ²⁸jevnligen af Birkens og Rognens forskjellige lysere Farver. Men hvad især tiltrækker sig Beskuerens Opmærksomhed, hvad han med størst Velbehag lader Øiet dvæle ved som det ²⁹Ualmindeligere, er de enkeltstaaende ³⁰kæmpemæssige Lindetræer, der hist og her med deres himmelstræbende Kroner fra Skovens ³¹Rand hæve sig op over Marken, for stolte til at ³²blande sig mellem de andre Træer i Skoven.

¹ Situation. ² Luxuriant. ³ Meadows. ⁴ Environs. ⁵ Individual. ⁶ Stunned. ⁷ In and for itself. ⁸ Precipices. ⁹ Richest. ¹⁰ Embrace. ¹¹ Union. ¹² Bend, bight. ¹³ Islands. ¹⁴ Branches out. ¹⁵ Forming. ¹⁶ Gradually. ¹⁷ Cease. ¹⁸ Rushes. ¹⁹ Wild ducks. ²⁰ Spring and autumn. ²¹ Present. ²² Ridges. ²³ Exchange. ²⁴ Cultivated. ²⁵ Peculiar. ²⁶ Charm. ²⁷ Acicular, with needle-like leaves, as the fir, cedar, &c. ²⁸ Evenly. ²⁹ Uncommon. ³⁰ Gigantic. ³¹ Edge. ³² Blend.

Translate into Norse—

One of the birds which our sportsmen, when they have the opportunity for it, are especially delighted to ¹get a shot at, is the wood- or lea-ryper. It has its home ²above the limit of the pine woods, in the region of dwarf-birch and willow, and thus is extended over a terrain which in most parts of the country, but principally in the most northern, embraces considerable tracts. It is only in our south-eastern provinces that the fjelds do not reach up beyond the line of fir vegetation, and the isolated hills of small extent, that in stray places ³jut out naked above the rest of the wood-clothed ridges, ⁴are less indebted to their height above the sea, than to their peculiar form and other local ⁵relations, for the fact that wood will not thrive upon their highest points, while in other parts of the country it grows vigorously even at a much greater elevation. Nevertheless upon and around the highest of these hills stray ryper are found residing, who here in the midst of foreign associates lead a ⁶sequestered and lonely life, far from their sociable relations upon the great fjelds. In the district of Christiania a few pairs ⁷breed yearly upon the celebrated Gyrihoug, the loftiest peak of the Krogskov, and likewise upon Ringkol, which seven miles more to the north, lifts itself from the Hadeland range to the same height as the first-mentioned. And sportsmen from the capital, who after a day's hare-shooting ⁸pass the night at the sæters that lie just under the two hills, on autumn evenings about the time that the ryper repair further down into the wood, are often suddenly ⁹startled by the ¹⁰piercing laugh which the ¹¹male bird utters on descending upon the spot which he has selected for the night-quarters of himself and family. So also upon Varinskol in Hakkedal, and on Mellemkol in Nordmark ryper are frequently met with in the summer; but it is only at the ¹²two first-named places that they regularly arrive before this season of the year.

¹ At efterstræbe. ² Ovenfor Naaleskovenes Grændse. ³ Rage nøgne op over. ⁴ Skylde mindre. ⁵ Forholde. ⁶ Føre et afsondret og eensomt Liv. ⁷ Klække. ⁸ Overnatte. ⁹ Blive pludseligen overraskede. ¹⁰ Gjennemtrængende Skoggren. ¹¹ Ryper-hanen. ¹² Tvende.

SCENERY AND VEGETATION OF THE FJELD.

At de norske Alperegioner have et vist nøgent, eensformigt ja sorgeligt Udseende kan vistnok ikke negtes. Men en anden Vegetation end den fra Sletterne, dækker med smaa men ziirlige Planter Jordbunden i disse høie Regioner; og andre Dyrformer, eller de allerede kjendte, men i en forandret Dragt og under andre Forholde, udbrede Liv i disse ellers saa eensomme Egne. Og den Betragter hvis Opmærksomhed er rettet herpaa, vil aldrig føle sig greben af den triste Stemning, som nødvendigviis maa bemægtige sig den, hvis Blik mere overfladisk farer hen over Egnen, men som derfor ogsaa kun erholder en overfladisk Forestilling om dens Charakteer, og, idet han opfatter og paavirkes af dens Mangler, overseer og forbliver urørt af dens mindre iøinespringende Fortrin.

Gjennemtrængte af en ungdommelig Forventnings glade Høitidelighed ved nu at skulle betræde de Regioner, hvor vore Tanker saa ofte havde dvælet, og hvis Charakteer, skjønt vi ikke havde seet dem, dog ikke var os ganske fremmed, forlode vi om Morgenen Lie efterat have sendt Hesten med vort Tøi iforveien til Fogstuen. En Fjerdingvei fra Lie begynder en Furuskov, der strækker sig opad en jævn Skraaning omtrent halvveis til nysnævnte Skifte. Det er den sidste paa disse Kanter, og Træerne, her følende sig ligesom fremmede, kæmpe med sparsom Livskraft møisomt for en kummerlig Tilværelse. Stammen og Grenene hænge fulde af Lav, og mange af de sidste ere henviisnede før Tiden, og sidde tørre og blottede for Barken, endnu fast ved Moderstammen eller ere faldne ned og gjøre Vandreren hans Gang besværlig. Den svalbrende Fjeldtrost synger her sin monotone Elskovsang, den tretaaede Spette hakker efter Larver i den mørkne Stamme, og Flokke af ustadige Meiser streife familieviis fra den ene Ende af Skoven til den anden, ivrigt sysselsatte med at søge deres Næring. For om muligt blandt disse ogsaa at træffe den sjeldne sibiriske Meise, der oftere er funden netop i denne Trakt, bøiede vi af fra Veien og toge tilvenstre ind i Skoven. Men blandt alle dem, vi undersøgte, bemærkede vi ingen af denne Cabinetterne saa kjærkomne Art, hvis

Neblæggelse enbog blot af et eneste Exemplar vilde opfyldt os med en mere end almindelig Glæde.

Ved Skraaningens Ophør bleve Træerne sjeldnere og sjeldnere, og tilsidst mindede kun nu og da en enkelt vantreven Furu om et Planteliv, der først længere nede har sit rette Hjem. Man befinder sig nu ovenfor Trævegetationens Grændse i det alpinske Regioner. Diet skuer hen over en milelang Slette, begrændset til Siderne af nøgne Aase. Men denne deres Nøgenhed er dog i god Forstaaelse med den træløse Slette, medens deres Eensformighed afbrydes hist og her af en gnittrende Sneeplet, der tillige ved at erindre Vandreren om den Høide, hvori han dvæler, befinder ham paa, at det aldrig var Naturens Mening, at disse Fjelde skulde dækkes med Skov; derfor paavirke de ham heller ikke med det uhyggelige Indtryk, der vækkes hos ham ved Synet af de skaldede Aase, som i mange af vore lavere Egne, ved den pengegridske Øxe berøvede deres medfødte Prydelse, contrastere saa stærkt mod de andre Omgivelser.

Under Aasen tilhøire, nær en halv Miil fra det Sted, hvor Skoven ender, sees et Par Sætre, kjendelige i denne Frastand paa deres lysgrønne Vange; endnu et Stykke længer borte øines Fogstuen omgiven af en anseeligere Engmark. Didhen rettede vi nu vore Skridt gjennem de tæt sammenslyngede Grene af den krybende Dværgbirk. Det er denne Plante som danner Bunden i det fiintvirkede Teppe, der saa jevnt dækker Fjeldene i nærværende Høide. Allerede i Furuskoven begyndte den at vise sig som mørkere Grupper paa det lysfarvede Mos mellem Træerne. Her paa Sletten staaer den nu i rig Overflødighed. I flere Henseender lig sin hvidstammede Artsforvante gjør den dog ingen Fordring paa Træets Rang men nøies, ydmyg beskeden, som en liden Busk i en halv Alens Høide at række de spæde Qviste hen over Marken, velvillig bekymret for hver liden Plet, den kan naae med sine Rødder, at den skal ikke vise sig nøgen, ufortrøden virksom ved sin stille Opgave: at pryde den Egn, vor Træer ei voxe. Uanseelig af Vext og dog saa frodig, simpel af Udse=eende og dog saa skjøn, fordringsfri men dog saa tiltrækkende har denne lille friske Plante med de smaa kredsrunde, takkede mørkegrøntglindsende Blade altid hos mig vakt en særlig Interesse, hvorfor jeg paa en vis Maade føler mig den forbunden og taknemmelig. Hist og her mellem Dværgbirken gjenkjender man den krogede Ener og den villigt voxende Lyng, og hvor Grunden er fugtigere, men hyppigst langs Bredden af de fra Sneemasserne nedrislende Fjeldbække, yde forskjellige Former af Vidier (Salices), egne for disse Trakter, ved deres anseeligere Størrelse og lysere Bladverk Diet en kjærkommen Afverling. I dette Teppe af grønnende Buskvexter ere de vakkre smaa Alpeblomster indfattede, der med deres livlige Farver og ziirlige Form aldrig forfeile at vække den for Naturens Skjønhed følende Jagttagers Beundring og levende at tiltale hans Gemyt. Her staae de nu, disse den norske Alpefloras yndige Repræsentanter, uden Bevidsthed om deres Fortrin fremfor saa mange af de lavere Egnes stolt prangende Blomster, uden indbyrdes Misundelse, i venskabelig Forening gjensidigt understøttende hverandre i smag= fuld Afverling. Den hvidkronede Skovstjerne (Trientalis Europæa) med rødgule Støvknappe; den mørkblaa Fjeld=Veronica (Veronica Alpina); den stjerneformige Saxifraga (Saxifraga Stellaris) med sin grenede Top i Enden af den ranke Stengel; den prydfulde Fjelnellik (Lychnis Alpina), hvis smukke violetrøde Blomster udaande den fineste Vellugt. Men skjønnere dog end dem alle er Snee=Gentianen (Gentiana Nivalis), hvis regelmæssige traktformigt udfoldede Kroner, venligt tindrende som Stjerner, smykkes med Himlens reneste Blaa, og den buskartede Bjergbusk (Saxifraga Oppositifolia), der med de talrige, tæt sammenhobede Blomster, hvis livlige lysrøde Farve end mere fremhæves af den mørktglindsende Dværgbirk, hist og her danner større Grupper paa den dunkelt farvede Grund. Hærdede mod et umildt Klimats kuende Indflydelse og nøisomme ved den mindste Jordplet, hvoraf de spæde Rødder kunne trække den Næring, de kun sparsomt tiltrænge, fortsætte de fleste af disse venlige Smaablomster sig ogsaa opad de Sletten ved Fjeldstuerne begrændsende Skraaninger, hvor nogle af dem trives endog i en Høide, som ikke engang tillader Dværgbirken længere at Voxe, der hvor det korte bruunlige men nærende Alpegræs næsten er den eneste Levning af Vegetationen, der vexler med Flække af aldrig optøende Snee paa den endeløse Flader, som forvittret Steen dækker med hensmulrende Gruus.

I.

For Norge, Kjæmpers Fødeland,
vi denne Skaal vil tømme,
og naar vi først faa Blod paa Tand,
vi sødt om Frihed drømme.
Dog vaagne vi vel op engang
Og bryde Lænker, Baand og Tvang:
For Norge, Kjæmpers Fødeland
vi denne Skaal udtømme!

Hver tapper Helt blandt Klipper født,
vi drikke vil til Ære!
Hver ærlig Norsk, som Lænker brød,
Skal evig elsket være!
Den vrede Livvagts Vaabenbrag
forklarer trolig Nordmænds Sag:
Hver ærlig Norsk blandt Klipper født,
vi drikke vil til Ære!

En Skaal for dig, min kjække Ven,
og for de norske Piger!
Og har Du en, saa Skaal for den!
og Skam faa den som sviger!
Og Skam faa den, som elsker Tvang
og hæder Piger, Viin og Sang!
En Skaal for dig, min kjække Ven,
og for de norske Piger!

Og nok en Skaal for Norges Fjeld,
for Klipper, Sne og Bakker!
hør Dovres Ekko raaber Held,
for Skaalen tre Gang' takker.
Ja tre Gang' tre skal alle Fjeld
for Norges Sønner raaber Held!
Endnu en Skaal for dig, mit Fjeld
for Klipper, Sne og Bakker!

II.

Hvor herligt er mit Fødeland,
det Havomkrandste, gamle Norge;
sku disse stolte Klippeborge,
som evig trodse Tidens Tand!
Urordners gamle Bautastene,
der gjennem Klodens Storme ene,
som Kjæmper end i Brynjer blaa
med Sølverhjelm om Issen staa.

Da Akathor saa Norges Fjæld,
sin Kongestol han der opreiste;
de Kjæmper som mod Skyen knejste,
de huede hans Heltesjæl.
Naar høit i Sky sin Vogn han kjørte,
sin Hyldest han fra Klippen hørte:
de Kjæmpestemmer hyldeb' Thor,
da var der Helteold i Nord!

Da ser jeg, hvor min Nordmand gik
i Stormgang fast saa Jorden bæved',
ham Døden var en Mø, som svæved'
udi hans Arm, med Frøjas Blik;
og i en Rundbans over Valen
ham hæved' op til Gudesalen,
og end i Livets Afskedsstund
et Drapa qvad den blege Mund.

Jeg har de gamle Sagn saa kjær'!
Naar Luren gjennem Dalen toner
vemodigt mellem Birkens Kroner,
da brømmer jeg om Blod paa Sværd.
Naar Fossen vildt fra Klippen skummer,
sin monotone Bas den brummer,
da tykkes mig jeg hører Klang
af Vaabenstorm og Skaldesang.

F

I Fjeldets Søn endnu jeg seer
et Skud af gamle Kjæmpestammen;
i Diet funkler Helteflammen,
som frejdig kun ab Faren ler,
i Pigens Øine blaa jeg skuer
Uskylbigheb og Sjofnas Luer,
og Iduns evig=unge Vaar
paa hendes Kinder farvet staar.

Ja herligt er mit Fødeland,
det gamle klippefaste Norge
meb Sommerdal og Vinterborge,
der evig trodse Tidens Tand!
Om Kloden rokkes end, dets Fjælde
skal Stormen dog ei kunne fælde;
som Bauta end de skulle staa,
og vise, hvor vort Norge laa!

III.

Havet er skjønt, naar det roligen hvælver
staalblanke Skjold over Vikingers Grav!
Skjønt, naar i Buen, hvor Lysstraalen skjælver,
Himlen og Skyerne speile sig af!
Herligt, naar Solen om Aftenen daler,
flammer som Ild over Harspellets Rund!
Yndigt, naar Maanen om Høstnatten maler
sitrende Søile paa mørkeblaa Grund!

Havet er skjønt, naar det skvulpende strømmer
sagte mod Stranden i Sommernatsstund!
Tanken i Søbybet bukker og brømmer
om hvad der bor paa dets mystiske Bund.
Bølger sig smidig i Bølgefavn slynge,
Havfruer se op af Kjølige Seng.
vinke fra Dybet, imedens de synge
trillende Toner til gulbsnoet Streng.

Havet er frygteligt hist, hvor det bruser
tungt imod Nordpolens natlige Kyst!
Strømmende Isfjelde Pantseret knuser
bragende høit imod Klippernes Bryst.
Nordlysets Gravlampe skinner henover
Ligsvøb af urgamle slumrende Land.
Havet ei bundet af Dødslænker sover,
kraftig det bryder sin Bølge mod Strand.

Havet er stolt naar det ægges til Harme,
Stormene slaa paa dets buklede Skjold!
Fnysende hæver det svulmende Arme
høit imod Skyborges truende Vold!
Tænder end Lynilden Ege paa Jorden,
splitter selv Bjergenes malmfaste Slot.
Havet dog ler kun af Lynild og Torden,
samler sig Kræfter i Kamplegen blot.

Havet er herligt, og herlige Sønner
stedse det fostred' i kraftfulde Favn;
hvergang dets Røst under Stormene brøner,
voxer kun Modet hos Viking i Stavn.
Kjæmpehval leger paa skummende Fjelde,
skyder sin Straale mod Himmelens Sky;
Søkongen ryder sin Drage med Vælde,
syngende flyver om Lande hans Ry.

Ruller ei Nordsøen end sine Vover
trindt omkring Norriges fjeldbygte Kyst,
blaagrønne hvælvede Gravhøje over
Helte, som segned i Kampen med Lyst?
Suser ei Bølgen som Jarlenes Glavind
end over Dybet i Hjørunga=Vig?
Tordner ej Havet om Fjendernes Avind
høit over Svolder og Tryggvessons Lig?

Vugges jeg, Hav! paa dit fraadende Dække,
stige de Kjæmper af sivbækket Grav,
Fridtjof, og Alf paa den susende Snække,
Sværde som Lynild, og Aasyn som Hav.

Kvældsol er Blod paa de kløvede Skjolde,
Stormen er Krigsraab fra gyngende Val.
Maanen er Nornen, som fører de bolde
blegnende Kjæmper til Valhalla Sal.

Hisset jeg skuer de svømmende Borge
gynge paa Bølgen med bødsvangre Last;
Vimpelen flagrer, og Løven fra Norge
luer i Blod fra bevingede Mast.
Lyn er dens Blik, og dens Stemme er Torden,
Dødsbudet rider paa flammende Sky;
Tordenskjolds Thorsvogn ombrøner vort Norden,
Havfladen bæver, og Fjenderne flye.

Svanvinget Søfugl ej mindre mig fryder,
Baaben som slynges i Brændingens Fos;
Mod staar ved Roret og dristigen byder
mægtige Kræfter i Dødskampen Trods.
Havet strør Liljer om Baaden, og kranser
Normanna-Færd over Ginungagab,
medens de flyvende Snækker henbanser,
løber paa Bølgen med Stormen omkap.

Brus da om Norge dit stormende Kvæde
herlige Nordhav! Du Kraftens Idol!
Syng os et Bjarkemaal hvergang vi træde
Slagdans paa bølgende Tiljer om Pol!
Sejerens funklende Solglans om Panden,
fri staar hver Nordmand i Luftning og Stavn,
fri som dit Megingjards Bælte om Stranden
vugger os Hæder og Rigdom i Havn!

CPSIA information can be obtained
at www.ICGtesting.com
Printed in the USA
LVHW080244310822
727276LV00014B/178